I była miłość w getcie

Marek Edelman

I była miłość w getcie

Wysłuchała i zapisała
Paula Sawicka

Świat Książki

Spis treści

Przedmowa

(...) biegłem z Pawiej do szpitala (...) Tam zostałem przypisany numerkiem życia (...) dwóch żydowskich policjantów szarpało dziewczynę (...) Chcieli ją zawlec na Umschlagplatz (...) Przebiegłem ulicę i zacząłem się szarpać z policjantami. Było nas dwoje, ja i ona, duża, silna (...) W pewnym momencie tej kotłowaniny urwała się i uciekła. A oni zaczęli krzyczeć, że muszą mieć pięć łebków, bo inaczej ich zabiją. „To wszystko jedno, kogo zabierzecie" - powiedziałem i pobiegłem swoją drogą do szpitala.

Marek Edelman

Kto ma prawo pisać o przeżyciach tych, którzy „poszli do wagonów", i tych, którzy ocaleli, o ich walce, żeby uratować życie własne, ale czasami czyjeś cudze, droższe lub ważniejsze: ukochanej kobiety, córki, matki albo kolegi z podziemnej organizacji w getcie? Kto ma prawo cokolwiek mówić o takich wyborach, motywach, rozpaczliwych decyzjach?

Kto ma prawo opowiadać o głodzie miłości różnych par w dramatycznych okolicznościach Zagłady, o niesamowitych, a niby całkiem zwykłych związkach miłosnych, o biologii i uczuciach tych ludzi? Zakochał się w dziewczynie, zakochała się w chłopaku, wszystko w obliczu śmierci. Marek Edelman ma, oczywiście, to prawo, bo był pośrodku, doświadczał Zagłady i walczył z nią zbrojnie, choć słowo „zbrojnie" jest pewną przesadą, skoro walczący byli niemal bez broni.

A jakie prawo mam ja? Nie mam żadnego. Po pierwsze, nie urodziłem się Żydem przeznaczonym na zabicie, nie poczułem nigdy grozy fatalnego pochodzenia czy niebezpiecznego wyglądu, nie byłem w getcie, nie byłem nawet żołnierzem powstania warszawskiego, jak w roku 1944 Marek Edelman. Brak mi wszelkich, w najmniejszym choćby stopniu porównywalnych przeżyć. Do poprzedzenia przedmową książki *I była miłość w getcie* upoważnia mnie jedynie to, że upatrzył mnie sobie i wyznaczył do tego zadania z Jemu tylko znanych powodów Marek Edelman. Nie dyskutuje się z tego rodzaju wolą. Może więc nie mam prawa, ale mam obowiązek.

Jednak nie bez znaczenia jest coś jeszcze. O życzeniu Marka Edelmana dowiedziałem się w momencie, gdy śmiertelnie zachorowała moja żona, a ja musiałem oswoić się z myślą, że umiera. Nawiasem mówiąc, ostatnie dwadzieścia pięć lat życia otrzymała przedtem w darze od lekarza Marka Edelmana, który swego czasu, jak powiedziałaby Hanna Krall, „zdążył przed Panem Bogiem": rozpoznał nierozpoznaną przez nikogo chorobę w ostatniej chwili, póki usunięcie jednego płuca było możliwe. Pozwoliło to ocalonej pacjentce żyć z drugim płucem jeszcze przez ćwierć wieku. Ale po tym ćwierćwieczu nic już nie zdołało uratować jej serca i tak się złożyło, że zaledwie kilka dni po uświadomieniu sobie, iż mam napisać to coś, co właśnie piszę, widziałem śmierć mojej żony umierającej na zawał. Dosłownie widziałem. Wprawdzie mnie odpędzali, ale podglądałem. Widziałem ustanie pracy serca, reanimację, stan po ostatnich wysiłkach chirurgów, a potem było już tylko lodowate czoło w kostnicy. Opowiadam o tym z brutalną otwartością, godną Marka Edelmana.

Muszę tu jeszcze coś dodać „bezczelnie", jakby powiedział autor książki *I była miłość w getcie*, który kwalifikuje często w ten sposób własne śmiałe uczynki albo niekonwencjonalne odezwania. Otóż ja kochałem swoją starą, umierającą żonę. Traciłem ją i byłem bezsilny. I nagle poczułem, że przeżywam rzecz, którą wielokrotnie opisuje Marek Edelman, choć ta moja rzecz nie miała nic wspólnego z gettem i Holokaustem. Ale przecież była to jakaś cząstka tego właśnie doświadczenia, ponieważ istota miłości i śmierci jest zawsze ta sama, niezależnie od tego, kogo kochamy, co kochamy, kto lub co nas zabija, ludobójca, pospolity bandyta, rak czy zawał.

Holokaust był losem Żydów, ale śmierć jest losem ludzi, nie tylko Żydów, choć ich wraz ze wszystkimi, oczywiście, też. Holokaust był dziełem Niemców, ale zbrodnia jest w ogóle dziełem ludzi. „To zrobili ludzie" - usłyszał Marek Edelman od Leona Bluma w roku 1946 i powtarza w książce za nim, a przecież najlepiej wie to sam, bez pomocy Leona Bluma. Podobnie miłość jest dobrem ludzi, nie wyłącznie Żydów. Zdaje mi się, że Marek Edelman chce nam koniecznie coś powiedzieć o tym ludzkim, uniwersalnym wymiarze Holokaustu, żebyśmy zrozumieli, wiedzieli i pamiętali. Może dlatego wybrał sobie nie-Żyda na autora przedmowy do opowieści *I była miłość w getcie*.

Ten tytuł brzmi biblijnie, jakby otwierał jeszcze jedną księgę Starego Testamentu, współcześnie dopisywaną, bo rzeczywiście zdarzył się w naszych czasach powód, by ją dopisać. Tytuł sugeruje niejako dalszy ciąg lub dodatek do czegoś, co działo się przedtem lub istnieje obok. Wiem z rozmów, że spójnik „i" był w myśli autora książki elementem bardzo istotnym. Miłość? Nie! I miłość. Razem z „i". Bo miłość nie była w getcie jedyna ani najważniejsza.

A co było najważniejsze? Okrucieństwo? Strach? Nienawiść? Dno upokorzenia? Walka, którą przecież Marek Edelman stoczył i której symbolem jest dziś dla nas? Zapewne. Może się więc wydać, że mówi nam i Pauli Sawickiej tak mniej więcej: tamto wszystko opisałem już wcześniej, różni inni też opisywali, istnieje olbrzymia biblioteka na temat Holokaustu, ale wyobraźcie sobie, była wtedy jeszcze miłość, no więc teraz opowiem to i owo, co pamiętam o miłości, a ty, Paulo, zapisz.

Z pozoru na to wygląda i wcale nie wykluczam, że Marek Edelman sam tak myśli. Jednak żaden autor, również Marek Edelman, który nie jest zawodowym pisarzem, lecz bohaterem i świadkiem historii, nie uniknie powszechnego losu autorów.

Dzieła ich faktycznie mówią nie to, co autorzy sobie postanawiają, ale co my czytelnicy z nich wyczytujemy. Otóż gdy czytamy świadectwo Marka Edelmana, podyktowane Pauli Sawickiej, ten postrzępiony dopisek do Starego Testamentu, czyli do historii Żydów, która jak w Starym Testamencie przeobraża się w historię człowieka i świata, a są to epizody, urywki, migawki, rzeczywiście strzępy niknącego wspomnienia przeszłości i refleksje nad nią dla przyszłości (autor chciał nawet w pewnej chwili nazwać całą książkę „Strzępy pamięci"), gdy zatem czytamy ten jedyny w swoim rodzaju dokument, narzuca się nam, czytelnikom, nieodparte wrażenie, że tym czymś najważniejszym, wartością niekiedy cenniejszą od samego życia była miłość. I powinna być.

Musimy uczyć w szkołach, w przedszkolach, na uniwersytetach, że zło jest złem, że nienawiść jest złem i że miłość jest obowiązkiem - od takiego przesłania w pierwszym rozdziale zaczyna się relacja Marka Edelmana, myślę, nie tylko z getta, ale w ogóle z osobistego i historycznego doświadczenia. *Nienawiść jest łatwa. Miłość wymaga wysiłku i poświęcenia.*

Miłość, o jakiej tu mowa, nie jest, oczywiście, namiętnością erotyczną ani stosunkiem płciowym.

Ale może być! Opisy takich przypadków, przejmujących, bo niemal zawsze ocierających się o śmierć, zgrupował Edelman w rozdziale pt. „Miłość w getcie". Znowu warto zauważyć, od czego zaczyna.

Pani Tenenbaumowa, pielęgniarka ze szpitala Bersonów i Baumanów, była przyjaciółką mecenasa Berensona. Codziennie podawała mu obiad. Po obiedzie pan mecenas zasypiał, a wtedy przychodziła jej córka, grzeczna siedemnastoletnia dziewczynka, ulizana, gładko uczesana, w białej wykrochmalonej bluzeczce. Pomagała mamie sprzątać. Skończyła się Wielka Akcja i 44 tysiące osób dostało numerki życia. Wśród nich pani Tenenbaumowa. Kiedy wszyscy z numerkami wyszli na stronę „do życia", ktoś zauważył, że pani Tenenbaumowa leży w łóżku, a na stoliku stoją puste butelki po luminalu oraz list i jej numerek życia. Pani Tenenbaumowa napisała w tym liście, że swój numerek życia oddaje córce i że popełniła samobójstwo.

Jest to więc na razie krótkie opowiadanie o miłości matki do córki, miłości skrajnie altruistycznej, bo silniejszej niż instynkt samozachowawczy. Jednak następuje dalszy ciąg historii.

Deda dostała więc numerek życia. Taka nieśmiała dziewczynka została sama. I nagle się zakochała w jakimś chłopcu. Widocznie miała też trochę pieniędzy, bo chłopak załatwił im mieszkanie po aryjskiej stronie. Rozkwitła w tej miłości. Przez trzy miesiące żyła z tym chłopcem w wielkim szczęściu w mieszkaniu po aryjskiej stronie. Nic innego nie było po niej widać, tylko tę miłość. Każdy bez wyjątku, kto ją wtedy widział, mówił, że promieniała szczęściem. (...) Ciepło, które dawał jej chłopiec, sprawiło, że zapominała o getcie. To szczęście trwało trzy miesiące. Potem - może się skończyły pieniądze - gospodarze wydali ją i jej chłopca.

Siedemnastoletnia Deda, nim ją gospodarze wydali, znała przez trzy miesiące tylko taką szczęśliwą miłość i żadnej innej już nie poznała. Ale przytoczę jeszcze trzeci, po pani Tenenbaumowej i Dedzie, przypadek z *Miłości w getcie*.

Mama tej dziewczyny zachorowała.(...) Jak z mamą było bardzo źle, zostawał na noc, a ona ze strachu, że coś się stanie, przytulała się do niego. (...) Nie jest pewne, czy się kochali, ani nawet czy wiedzieli, jak to się robi (...) Któregoś dnia (...) mamy już nie było. Tłum, parę tysięcy osób, był pędzony na Umschlagplatz. (...) Dogonili pochód i jadąc wzdłuż całego wielotysięcznego tłumu, zaczęli szukać mamy. Tuż przed Umschlagplatzem dojrzeli ją. (...) Powiedziała mu: „Niestety musimy się rozstać, mama nie może iść sama w taką drogę". I poszła za mamą do wagonu.

Trzy wersje miłości, które przedstawiłem, cytując poszczególne historie, to zaledwie drobna cząsteczka obrazu. Chodzi o najróżniejsze sytuacje ludzi ogarniętych piekłem, kiedy ci ludzie coś robią wbrew zasadom obowiązującym w piekle. Robią dla siebie czy dla drugiego człowieka? Dla spokoju sumienia, z miłości własnej czy - jak powiedziałby chrześcijanin - z miłości bliźniego? Otóż, paradoksalnie, w piekle ta różnica się zaciera i nie zawsze można mieć pewność, co jest czym. No bo rzeczy się dzieją w piekle, nie w „normalnym" świecie.

„Hendusiu, chodź - zawołałem do niej. - Jest droga wyjścia dla ciebie, dla takich jak ty. Jutro wyjdziesz na aryjską stronę". Dzielił nas chodnik i ten ogrodzony skwerek. „Mam tu ze sobą sto pięćdziesięcioro dzieci, przecież ich nie zostawię. Nie mogą same pójść do wagonów". (...)

Została z nimi, a przecież wiedziała, co się stanie. Czy z poczucia obowiązku czy z miłości do nich? Wtedy to było to samo - pisze Marek Edelman.

Pisze też: *Wisiała naga na oczach pięćdziesięciu czy stu osób, stłoczonych w tym samym pokoju. A ona w kąciku była gwałcona i wszyscy na to patrzyli, a ja stałem z daleka i też to widziałem.*

Teraz mnie zapytasz, jak przyzwoity mężczyzna powinien się zachować w tej sytuacji. A on tak się zachował, jak mógł. Patrzał, widział i nic nie mógł zrobić. Oczywiście, trzeba było strzelać, tylko trzeba było mieć z czego.

Celem mojej przedmowy nie jest zdanie sprawy ze wszystkiego, o czym opowiada książka. Opowie Wam sama, między innymi o dzieciństwie i czasach szkolnych autora, o zaangażowaniu już przed wojną w działalność żydowskiej organizacji socjalistycznej Bund i jej młodzieżówki Cukunft, o szpitalu przy Umschlagplatzu, o konspiracji i - rzecz jasna - o powstaniu w getcie, a na koniec o jeszcze jednym, tym, które nazywa się warszawskie. Opowie językiem naturalnym, żywym, szorstkim, bo książka nie jest w istocie napisana, lecz powiedziana, a jeśli przetworzona, zresztą świetnie, na tekst, to z zachowaniem cech mowy potocznej przez Paulę Sawicką. Wszystkie wyliczone tematy zawarte zostaną w zdarzeniach i epizodycznych losach ludzi. Czytać będziecie z wypiekami na twarzy i przeważnie ze zgrozą, ale nie po to piszę przedmowę, żeby to Wam powiedzieć.

Skupiłem uwagę na kilku cytatach, ponieważ dotyczą pytań stających przed człowiekiem w sytuacjach ekstremalnych, a to jest dziedzina Marka Edelmana. W tym on jest największy i najmądrzejszy, między innymi dlatego, że nie udziela odpowiedzi, tylko umie zdefiniować w prosty sposób te straszne pytania. A mnie korci takie domniemanie: wszystkim tym, nawet najpotworniejszym sytuacjom towarzyszy zawsze w głowie Marka Edelmana jakaś „i miłość", to znaczy potrzeba jakiegoś dobra ponad złem świata, wyrażająca się zarówno tragicznie, solidarnym pójściem z kimś „do wagonów", jak też romantycznie, trzema miesiącami szczęścia po aryjskiej stronie, lub w końcu heroicznie, walką dla samego poczucia godności, bez najmniejszej nadziei na zwycięstwo. Chodzi za każdym razem o coś lepszego niż zezwierzęcenie w piekle, o jakiś współczynnik człowieczeństwa wbrew bestialstwu, bodaj potencjalny, bodaj tylko zaznaczony w świadomości, niedający się w praktyce zrealizować, gdy na przykład do bestii gwałcących w dziki sposób swą ofiarę trzeba by, oczywiście, strzelać, ale trzeba by, niestety, mieć z czego.

Ta wszechobecna „i miłość" Marka Edelmana jest najwyższą wartością dodaną do Zagłady, wartością etyczną i wartością książki, którą mam niezasłużony zaszczyt przedstawiać publiczności.

Można się nie zgadzać z poglądami autora na poszczególne zagadnienia polityczne, kwestionować tę lub ową radykalną ideę, powątpiewać, czy fakty historyczne zawsze się zgadzają, czy nie zostały przeżyte i zapamiętane z subiektywnego punktu widzenia w szczególnych warunkach, czemu skądinąd trudno byłoby się dziwić. Marek Edelman sam jest tego świadom.

Może to niedokładnie tak było, ale ja to tak pamiętam (...) *to nie jest prawda historyczna* (...) *historycy prawdopodobnie zobaczyliby to inaczej* (...) *czy dziś wolno widzieć sprawy tak, jak się je wtedy widziało?* - oto są wątpliwości autora, na wyrywki cytowane z różnych miejsc jego tekstu.

Głębiej w problem subiektywizmu wnika Marek Edelman w dwóch rozdziałach, których tytuły, „Strzępy pamięci" i kończąca książkę „Pamięć", zawierają właśnie to słowo.

Pewne kwestie trzymał dotychczas, jak powiada, „w brzuchu", teraz o nich mówi. Są to znowu pytania, na które w świetle „normalnej" moralności nie ma odpowiedzi możliwej do przyjęcia, lub są to alternatywy, których nie da się rozstrzygnąć obiektywnie, rozstrzygnięciem będzie zawsze bolesna, straszna, okrutna racja czyjejś jednej strony, jak w epizodzie z żydowskimi policjantami, obranym przeze mnie za motto przedmowy.

Z punktu widzenia powstańców getta 50 pistoletów, jakie otrzymali od AK, było o kilkaset, a może o kilka tysięcy za mało. Z wojskowego punktu widzenia generała Grota, który na to zezwolił, lecz więcej nie dał, mogło być tych pistoletów o 50 za dużo, bo broń miała zostać użyta do beznadziejnej walki i z całą pewnością „zmarnowana". Nie wiem, jak było „naprawdę", wiem, że w takich sprawach nie ma „naprawdę". I zaiste nie mnie o tym sądzić.

Z wojskowego punktu widzenia nie było również sensu bombardować Auschwitz i alianci go nie zbombardowali, ani nie opłacało się udzielać pomocy powstańcom warszawskim w roku 1944 i alianci udzielili jej w stopniu podobnym do 50 pistoletów od AK dla Żydowskiej Organizacji Bojowej w getcie.

Marek Edelman to wie, a ponieważ wie, dlatego trzymał to „w brzuchu", ale to go boli. Wszystkich, Żydow i nie-Żydów, coś takiego boli, każdego inaczej. *Nie ma jednej pamięci żydowskiej* (...) *Nie ma* (...) *jednolitego, narodowego schematu pokazującego, jaki stosunek mają Żydzi do Polaków. I tak samo jest z Polakami.*

W powstaniu warszawskim było tak: *...zatrzymał mnie powstańczy patrol. Spojrzeli na moją przepustkę i powiedzieli: „A to co, Żyd? Dawaj pod ścianę, bo to musi być szpieg". Było ich czterech na mnie jednego. „Ręce do góry, podpaliłeś Leszno, ty Żydzie wstrętny!".* (...) *Udało mi się, bo dowódca wyszedł i potwierdził, że mnie zna. To mnie uratowało.* A skończyło się tak: *...porucznik Tytus* (...) *podszedł do mnie i powiedział: „Marek, nie ma rady, idę do niewoli. Dam ci opaskę i akowską legitymację. Pójdź z nami". Zapytałem go tylko, czy mi zagwarantuje, że nikt z jego ludzi, kiedy będziemy przechodzić do Niemców, nie wskaże mnie i nie powie, że jestem Żydem. „Nie, tego ci nie zagwarantuję". „Wobec tego dziękuję, ja zostaję" - odpowiedziałem.*

Mimo wszystko nie antysemityzm jest, według Marka Edelmana, najpoważniejszym „złem, które może urosnąć" i przed którym trzeba ostrzec świat. Prawdziwie groźna w skutkach może być obojętność na antysemityzm. Antysemityzm występuje wszędzie, czy to w Polsce, czy to we Francji, ale Żyda wychodzącego z getta łapało dwóch szmalcowników, a tłum stał i udawał, że nic się nie stało, bo mu tak było wygodniej.

(...) *trzeba dziś znowu młodzież nauczyć, iż pierwszą i najważniejszą rzeczą jest życie, a potem dopiero jest wygoda* - tymi słowami zamyka swoją książkę człowiek, który przeżył lekcję XX wieku i ogląda lekkomyślny wiek XXI.

Listopad 2008, **Jacek Bocheński**

Zło może urosnąć

Jestem skrępowany, że mam do Państwa mówić. Stoję tu samotny, stoję tu z przypadku, jak prawdopodobnie całe życie. Wszechświat też prawdopodobnie powstał z przypadku. A tu, na tej sali, są ministrowie, ambasadorzy, profesorowie, posłowie, dyrektorzy, wychowawcy, nauczyciele. Za wami są instytucje, organizacje, rządy, a nawet całe państwa. Za mną jest nicość. Nicość, w którą odeszły setki tysięcy ludzi, których odprowadzałem do wagonów. Nie mam prawa mówić w ich imieniu, bo nie wiem, czy ginęli z nienawiścią, czy katom przebaczali. I już nikt się tego nie dowie. Ale mam obowiązek czuwać, żeby pamięć o nich nie zaginęła. Wiem, że potrzebna jest pamięć o tych kobietach, dzieciach, ludziach starych i młodych, którzy odeszli w nicość, zostali zamordowani bez sensu i bez powodu. Wiem, że potrzebna jest pamięć o nich.

W 1946 roku spotkałem się w Paryżu, w Ogrodzie Luksemburskim, z Leonem Blumem, ówczesnym premierem Francji. Rozmawialiśmy o tym, co się stało, i Leon Blum powiedział: „Tego nie zrobili Niemcy, to zrobili ludzie". Zrozumiałem wtedy, że każdy człowiek może okazać się zdolny do popełnienia tak strasznych rzeczy i że przed tym trzeba ludzi przestrzegać. Człowiekowi udało się opanować Ziemię, bo potrafił zwalczyć, zniszczyć wszystko, co stało mu na drodze. I dziś wciąż w każdym z nas kryje się atawistyczna skłonność do niszczenia, zabijania. Nad tą skłonnością trzeba zapanować.

Cywilizacja i kultura nałożyły na człowieka ograniczenia, pomogły powściągnąć tę skłonność, nauczyły ograniczania zdobywczych zapędów i współżycia z innymi ludźmi, zrobiły ludzi dobrymi. Ale nie zawsze tak się działo. Było i tak, że wielkie umysły i wielkie talenty stawały na usługi zbrodniczej władzy. Na zamówienie hitlerowskiej ideologii niszczenia „podludzi" służyły nauką i wiedzą usprawnianiu machiny ludobójstwa, a wizją artystyczną, jak Leni Riefenstahl, tworzeniu z ludzi bezkształtnej masy pleców pędzonej do wagonów. Trzeba było wielu lat, by talent Jolanty Dylewskiej pozwolił widzowi dostrzec w tej masie twarze poszczególnych osób, twarze ojców prowadzących za ręce dzieci, matek kołyszących w ramionach niemowlęta.

Trzeba więc pilnować, by kultura pielęgnowała dobroć, nie nienawiść. Wojna się skończyła, a my ciągle tego nie potrafimy. Najlepsze uniwersytety europejskie, a takim jest Sorbona, w najbardziej demokratycznym państwie, a takim jest Francja, mogły wykształcić największych ludobójców, bo takim był Pol Pot. To znaczy, że nie dość dobrze uczymy, system edukacyjny jest zły. Bo nienawiść dużo łatwiej wzbudzić, niż skłonić do miłości. Nienawiść jest łatwa. Miłość wymaga wysiłku i poświęcenia.

Pozwalamy, żeby na ulicach miast demokratycznych krajów, w imię swobód demokratycznych, odbywały się parady nienawiści i nietolerancji. To zły znak. I to nie jest demokracja, bo demokracja nie polega na przyzwoleniu na zło, nawet najmniejsze, bo ono może nie wiadomo kiedy urosnąć. Musimy uczyć w szkołach, w przedszkolach, na uniwersytetach, że zło jest złem, że nienawiść jest złem i że miłość jest obowiązkiem. Musimy walczyć ze złem tak, żeby ten, który czyni zło, zrozumiał, że nie będzie dla niego litości.

Wystąpienie Marka Edelmana na uroczystej sesji otwierającej polską prezydencję Task Force for International Cooperation on Holocaust Education, Rememberance and Research, Warszawa 27 czerwca 2005 roku.

Szkoła powszechna
CISZO, Karmelicka 29 róg Dzielnej

Szkołę prowadziła Centralna Żydowska Organizacja Szkolna, po żydowsku Centrale Jidysze Szul Organizacje, w skrócie - CISZO. Była to związana z Bundem świecka organizacja oświatowa. Nie umiem opisać budynku szkoły, ale chyba musiała to być zwykła kamienica przystosowana dla potrzeb szkoły. Narożny, dwupiętrowy dom. Wchodziło się od Karmelickiej. Od Dzielnej też była brama, wychodziła na wprost Więziennej, małej uliczki biegnącej od Dzielnej do Pawiej wzdłuż bocznej ściany Pawiaka. Ale tą bramą nigdy się nie chodziło. Pewnie była zamknięta.

Chorowałem, kiedy trzeba było zacząć naukę w szkole, więc poszedłem dopiero do czwartej klasy. Do szkoły na Karmelicką chodziłem przez trzy lata i wszystko, co umiem, to z tych trzech lat nauki. Później w gimnazjach Spójni i Zgromadzenia Kupców niewiele się nauczyłem. Może jeszcze tylko na lekcjach polskiego u profesora Augusta Kreczmara w Gimnazjum Zgromadzeniu Kupców.

Dopiero w szkole na Karmelickiej nauczyłem się żydowskiego. Przedtem mówiłem po rosyjsku, potem po polsku, a tu trzeba było mówić po żydowsku, bo to był język wykładowy większości przedmiotów. I dzieci w szkole mówiły między sobą po żydowsku, a dla mnie to był nowy język. Mieliśmy sześć godzin polskiego tygodniowo, codziennie jedna lekcja. Nie pamiętam, kto uczył polskiego. Żydowskiego uczyła moja wychowawczyni, pani Mendelson. Kazała mi przychodzić do siebie do domu na dodatkowe lekcje. Uczyła mnie sylabizować po żydowsku, bo nie miałem talentu do tych liter.

Moi najbliżsi koledzy po żydowsku mówili świetnie.

Majus Nowogródzki był jedynakiem, synem sekretarza generalnego Bundu, mieszkał na Nowolipiu 7. Cały parter tego domu zajmowała drukarnia, a na pierwszym piętrze była redakcja „Folks - Cajtung”. Majus mieszkał na piątym piętrze. To był inteligencki dom. Na ścianach pełno obrazów i bardzo dużo książek. Potem, po wojnie, Majus zapytał mnie, co moim zdaniem stało się z tymi obrazami i książkami. A co się miało stać? Wszystko się spaliło. Tam, u niego na balkonie, paliliśmy

Szkoła powszechna CISZO

pierwsze papierosy. Mama Majusa, Sonia, była nauczycielką i ważną osobą w szkolnictwie żydowskim. Do Majusa chodziłem często, prawie codziennie. Zazwyczaj nikogo nie było w domu, bo rodzice byli ciągle zajęci, więc nikt nam nie przeszkadzał w paleniu papierosów. I na jego podwórku - to była taka niewielka studnia - jeździliśmy na rowerze Majusa, bo Majus miał rower, ale ja i do tego nie miałem talentu i w końcu nigdy się nie nauczyłem jeździć na rowerze.

We wrześniu 1939 roku Majus z ojcem, jak większość mężczyzn, wyszli z Warszawy. Uciekali na wschód i w efekcie przez Wilno i Japonię za sprawą japońskiego konsula Sugihary i konsula holenderskiego w Kownie Jana Zwartendijka trafili do Ameryki. Ojciec Majusa zdołał nawet wywieźć znaczną część dokumentów bundowskich, z których korzystał potem, pisząc książkę o historii międzywojennego polskiego Bundu. Szkoda, że z zaplanowanych trzech części napisał tylko pierwszą. Majus poszedł w Ameryce na studia i został potem wybitnym specjalistą w amerykańskich programach satelitarnych. Matka Majusa została w Warszawie. W getcie była wiceprezesem Centosu, prezesem był Szachne Sagan. Organizowali całą pomoc dla dzieci, kuchnie, świetlice. W getcie widziałem ją może kilka razy, ostatni raz - w tłumie pędzonym na Umschlagplatz dwudziestego któregoś lipca. Chodziła zawsze w kapeluszu i na Umschlagplatz też poszła w kapeluszu.

Janek Goldsztajn również nie miał rodzeństwa. Był synem Bernarda Goldsztajna, twórcy i szefa milicji bundowskiej. Matka Janka, Lucja, była kobietą niezwykłej urody, miała ciemne włosy, wysoka... Właściwie nie pamiętam, jak wyglądała, ale pamiętam, że była przepiękna. Co robiła? Chyba była krawcową. Ale nie jestem pewien, nie pamiętam. Janek mieszkał na Nowolipiu 12. Bywałem w tym mieszkaniu również w czasie wojny, gdy już było getto, bo ojciec Janka, Bernard, wciąż tam mieszkał. Janek był piekielnie zdolny i pięknie mówił po żydowsku. Nie wiem skąd, bo jego ojciec właściwie żadnym językiem nie mówił porządnie, używał jakiegoś własnego wolapiku. Janek zazwyczaj siedział w domu, z rzadka chodził do szkoły, bo mu się nie chciało, i przeważnie spał. Do gimnazjum poszedł do Ascoli - mówili mu wciąż, tak jak mnie, że nie zda matury i te wszystkie rzeczy, które i mnie mówili, a zdał ekspedite. Kiedy wojna wybuchła, Janek i jego mama podróżowali z japońską wizą konsula Chiune Sugihary. Jego matka wylądowała w Ameryce Południowej, a on został w Japonii, gdzie był dyrektorem w jakiejś wielkiej firmie.

Rubin Lifszyc miał młodszą siostrę. Ich ojciec był bardzo wziętym dentystą. Do Rubina też chodziliśmy do domu, ale rzadko, bo tam zawsze tłoczyli się pacjenci. Jego mama, Estusia, była koleżanką mamy, obie należały do JAF, żydowskiej i oczywiście bundowskiej organizacji kobiecej. Po śmierci mamy Estusia zajęła się mną i moimi sprawami, załatwiała wszystko w gimnazjum Zgromadzenia Kupców, płaciła czesne, chodziła do szkoły, jak było trzeba, jednym słowem, czuwała nade mną. Bo kiedy byłem w Spójni, jeszcze mama żyła i mama to załatwiała. U Lifszyców mieszkała niania Rubina. Rubin z ojcem, i pewnie z siostrą, też uciekali przed Niemcami na wschód. Rubin jakoś trafił do Kanady, gdzie został lotnikiem-nawigatorem i jako lotnik walczył na wojnie. Zginął pierwszego dnia po zawieszeniu broni, odbywając ostatni lot z Londynu do Brukseli. Podobno jego samolot spadł do morza.

Josele Fiszman też chyba mieszkał na Nowolipiu. Nie jestem dziś pewien, bo u niego w domu nie bywałem. Jego rodziców nie pamiętam. Podczas wojny Josele nie było w getcie ani nawet w Polsce. Nie wiem, gdzie był, ale objawił się po wojnie. Pracował w ONZ, ale nie jako polski obywatel. Zajmował się organizowaniem szkolnictwa rolniczego.

Josele Zygielbojm był synem Szmula Zygielbojma. Mieszkał z matką. Jego ojciec mieszkał wtedy w Łodzi i miał już inną żonę. Josele we wrześniu wyszedł z Warszawy i, jak Majus, przez Japonię trafił do Ameryki.

To byli moi najbliżsi koledzy. Razem tworzyliśmy FIRAZIMOPE - akcent koniecznie na ostatniej sylabie! - to była nasza dziecięca partia. Jej nazwa pochodziła od liter albo sylab naszych nazwisk. Ale nie umiem jej dziś rozszyfrować. Majus miał rower i na tym rowerze po podwórku jeździła FIRAZIMOPE. Majus, Janek, ja i Rubin stanowiliśmy trzon partii, jej ważniejszą część. Bo u nas panowała hierarchia i Josele Fiszman i Josele Zygielbojm nie zawsze byli dopuszczani do wszystkich sekretów.

Do naszej klasy chodziła też Hendusia Himelfarb i jej brat bliźniak. Hendusia pracowała później w sanatorium Medema i poszła z dziećmi do wagonów, a jej brat bliźniak uciekał we wrześniu na wschód i pod okupacją rosyjską, we Lwowie, umarł na tyfus. Może to niedokładnie tak było, ale ja to tak pamiętam. Mieszkali na Twardej.

W tej samej szkole, ale w niższej klasie, był Włodek Bergner. Pamiętam go bardziej z obozów Skifu niż ze szkoły, bo miał trąbkę i grał na niej wszystko, co się gra na trąbce na obozach - pobudkę, capstrzyk, alarm. Mniej więcej dwa lata przed wojną Włodek wyjechał do Australii. Ostatecznie wylądował w Izraelu z australijską żoną, tak jak on malarką. Jest w Izraelu bardzo wziętym malarzem.

FIRAZIMOPE spotykała się nawet, kiedy już skończyliśmy szkołę powszechną i chodziliśmy do różnych gimnazjów.

Umówiliśmy się, że jak się wojna skończy, w pierwszą sobotę miesiąca spotkamy się wszyscy pod zegarem na rogu Leszna i Przejazdu. W ogóle nie zdawaliśmy sobie sprawy, jaka ta wojna będzie. Teraz widzę, że nie tylko my, młodzi, nie mieliśmy dość wyobraźni na tę wojnę i przyszłość. Dorośli, poważni ludzie, też nie mieli. Bo co zrobiło wiele rodzin, kiedy wojna wybuchła? Podzieliły się. Zostawiali kogoś, zazwyczaj kobietę, w domu, a mężczyźni z dziećmi uciekali na wschód. Może uważali, że kobiety będą bezpieczne i przeczekają wojnę, strzegąc mieszkań i dobytku, a zagrożeni są tylko mężczyźni?

Zaczęła się wojna i zostałem sam. Moi koledzy wyjechali. W pustej szkole na Karmelickiej znalazłem powielacz. Później zorganizowano tam kuchnię dla dzieci i tajne nauczanie. W getcie mieszkałem na Dzielnej, niedaleko szkoły. Musiałem często obok niej przechodzić, ale nigdy się nie zastanawiałem, co się dzieje w środku.

Jak się do nich wdrapałem...

Zanim wojna wybuchła, byłem nikim. Chłopakiem po maturze. Bezczelnym chłopakiem. Niewychowanym. Mieszkałam u Lichtensztajnów. Należałem do Cukunftu. Pracowałem w takiej firmie - Ogoldwicht, żeby zarobić 52 złote na miesiąc. Kazali mi sumować długie kolumny liczb, a ja zawsze błędy robiłem. Potem mnie wyrzucili i pracowałem jako sekretarz Komitetu Pomocy Żydom wyrzuconym z Niemiec do Polski. W przeddzień wybuchu wojny pustym pociągiem wróciłem z wakacji do Warszawy. Wciąż byłem nikim, ale teraz nie miałem też pracy. Lichtensztajnów już nie zastałem, uciekli do Wilna.

Poszedłem do doktor Hellerowej, która znała moją mamę. Dała mi pracę gońca. Dalej byłem nikim, bo kim jest goniec w utrwalonej od dawna hierarchii szpitala? Nikt na mnie nie zwracał uwagi. Już w pierwszych dniach zawołał mnie do siebie Abrasza Blum. Wiedziałem, kim jest, to na pewno. A do tego, niedługo przed wojną, urodziło mu się dziecko z zarośniętym przełykiem. Zaledwie kilkudniowe, po rozpoznaniu schorzenia przez doktor Hellerową było operowane przez doktora Wilka w szpitalu Bersonów i Baumanów. Musiałem go więc widywać w szpitalu. Spotkałem się z nim na Dzielnej, naprzeciwko Pawiaka. Przekazał mi wiadomość od Lichtensztajnów, że chcą, żebym przyjechał do nich do Wilna. Powiedziałem, że nie pojadę. A że byłem bezczelny, zamiast wyjaśnienia jeszcze zapytałem: - A pan jedzie do Wilna?

W szkole CISZO na Karmelickiej 29 znalazłem powielacz. Po prostu stał sobie w szafie. Trzeba było zrobić z niego użytek. Znałem Rutkę, naczelną laborantkę w zakładzie fotograficznym Dagera. Były dwa zakłady fotograficzne firmy Dager: na Zamenhofa zakład i laboratorium oraz elegancki sklep na Bielańskiej. A z córką ich właściciela jeździłem na obozy Skifu; miała piękne grube warkocze do pasa, widziałaś na zdjęciach. Otóż Rutka miała aparat radiowy w piwnicy na Zamenhofa. Była na nasłuchu, a potem pisała ręcznie komunikaty z najnowszymi wiadomościami. Zacząłem je przepisywać na maszynie i powielać na tym znalezionym powielaczu. Nie pamiętam, jak to się stało, że w miejsce komunikatów z nasłuchu zaczął wychodzić „Biuletyn". Stasia narysowała winietę i ten sam nagłówek istniał przez cały czas getta. Nie umiem też powiedzieć, kiedy to się zaczęło, ale bardzo wcześnie. „Biuletyn" był w getcie gazetą Bundu. Orzech zawsze pisał artykuły wstępne.

I wtedy zacząłem być u bundowskiego szefostwa na posyłki.

Maurycego Orzecha nie mogłem znać przed wojną. Wiedziałem, oczywiście, kim jest. To była ważna osoba i miał już z pięćdziesiąt lat.

Berka Sznajdmila musiałem znać przed wojną. Przynajmniej z widzenia, bo był dowódcą młodzieżowej milicji Cukunftu. Uczył tych młodych samoobrony i jak posługiwać się sztalrutką. To była niewielka, chyba mosiężna, a w każdym razie zrobiona z żółtego metalu, rurka-rączka, którą trzymało się schowaną w dłoni, a jak się nią umiejętnie potrząsnęło, to za sprawą trzech ukrytych wewnątrz sprężyn wydłużała się w długi kij, i to była świetna broń. Wymyślona i używana przez powstańców wiedeńskiego Schutzbundu. Bo bronią przeciwnika były kastety i żyletki. A dokładniej, przytwierdzone powyżej kolan deseczki z obsadzonymi na sztorc żyletkami. Ich posiadacze „patrolowali" najczęściej Nowy Świat i Krakowskie Przedmieście, a każdego napotkanego Żyda częstowali kopniakiem z tak uzbrojonego kolana. Lubili znęcać się nad żydowskimi dziećmi, które w pierwszych dniach września przychodziły po podręczniki do księgarni Gebethnera i Wolfa na Krakowskim Przedmieściu, dziś jest tu księgarnia naukowa im. Prusa. Więc Berek pewnie mnie nie znał, ale ja go znałem. Zawsze świetnie ubrany - w niebieską bluzę z koalicyjką i czerwony krawat, był znacznie ode mnie starszy, już po wojsku i po podchorążówce.

Dla Bernarda Goldsztajna, chociaż był ojcem mojego przyjaciela, miałem wielki respekt, bo był w Bundzie ważną i popularną postacią.

Szmula Zygielbojma znałem, jego syn należał do naszej paczki. Przyjechał z Łodzi w pierwszych dniach września 1939 i podczas obrony Warszawy organizował żydowskie bataliony robotnicze. To był wielki działacz bundowskich związków zawodowych. Jeden z najpoważniejszych bundowców, którzy zostali wtedy w mieście. Zawsze dużo pisał i do czasu opuszczenia getta i Polski pisał również do „Biuletynu". Wyjechał w grudniu 1939. W getcie widywałem go czasami u Estery Iwińskiej.

Esterę Iwińską, siostrę Altera, znałem sprzed wojny. Była koleżanką mamy. To chyba ona załatwiła mi posadę u Ogoldwichta. Zawsze mnie objeżdżała, kiedy do niej przychodziłem. Była wielkim adwokatem politycznym i wielkim autorytetem, więc potulnie jej słuchałem. Wyjechała niedługo po Zygielbojmie - może w styczniu 1940? - do Belgii na paszporcie swojej siostry, która była obywatelką belgijską.

Dość szybko na tym powielaczu, który znalazłem na Karmelickiej, Bund zaczął wydawać „Biuletyn", a ja zajmowałem się stroną techniczną - powielaniem i kolportażem. Przecież byłem tylko gońcem, młodym chłopakiem, a oni doświadczonymi działaczami i autorytetami.

Kiedyś poszła plotka, jak się okazało później, nieprawdziwa, że ktoś, gdzieś jest podejrzany i może sypie. Na wszelki wypadek szefostwo Bundu kazało wtedy zawiesić wszystkie kontakty. A ja właśnie robiłem „Biuletyn", był prawie gotowy, a że byłem bezczelny, po cichu, w tajemnicy przed nimi go skończyłem. Ale nie miałem jak go rozkolportować, bo i kolportaż był zawieszony. A szkoda mi było tych 500 egzemplarzy z najnowszymi wiadomościami z frontu, które z każdym dniem traciły aktualność.

Nie wiedziałem, co zrobić, ale w końcu wymyśliłem. Postanowiłem zorganizować zabawę - „laba" mówiło się w Bundzie. Kupiłem kiełbasę, pół litra wódki i zaprosiłem Bernarda, Berka i Abraszę. Była też Stasia, ona umiała przyrządzić taki napój, niby-herbatę. Miało to kolor herbaty i było bardzo smaczne, chociaż nie wiem, co to było ani jak to robiła. Musiało być jeszcze coś do picia, bo co to jest pół litra wódki? I przy tej wódce powiedziałem im, że mam 500 egzemplarzy „Biuletynu" i dwie łączniczki: Miriam Szyfman, która była szefową wszystkich kolporterek (to jej kiedyś pękły w dorożce majtki wyładowane bibułą), i Zosię (sprawdź, jej nazwisko jest na pomniku zabitych w Zielonce)*. Powiedziałem, że muszę to rozkolportować, bo cała nasza praca pójdzie na marne, a „Biuletyn" będzie zaraz do wyrzucenia. Niby pytałem o zgodę, ale nie pamiętam, czy nie

* Chodzi o pomnik z czerwonego piaskowca postawiony tuż po wojnie na cmentarzu żydowskim przy Okopowej w Warszawie staraniem Salo Fiszgrunda, według projektu Natana Rappaporta. Pochowano tam ekshumowanych bundowców - bojowników getta, którzy zostali zadenuncjowani i rozstrzelani po wyjściu z getta w 1943 roku. Zosia została pochowana jako Fajgełe Goldsztajn (w niektórych publikacjach występuje jako Zosia Goldblat).

powiedziałem im tego już po fakcie. Tak czy tak, swoje zrobiłem i akceptację dostałem.

Niedługo potem praca zamarła. I zrobiła się z tego sprawa. Szef Cukunftu, Henoch Rus, domagał się od szefostwa zgody na wznowienie działalności. A oni mu wtedy powiedzieli: - Co ty się tyle pytasz? Marek nie pytał i zrobił. Jak się chce, wszystko można zrobić.

Ten Rus to był też poważny człowiek, nie to co ja. Do tego czasu nikt się ze mną nie liczył. Byłem od drukowania gazetek i dla szefostwa na posyłki. Ale widać wciąż byłem bezczelny. A od czasu tej historii z „Biuletynem" mogłem robić, co chciałem, i nikt mi się nie wtrącał. To wtedy chyba zaczęli mnie słuchać. Sam się do nich wdrapałem.

Henoch Rus miał małe dziecko. I to dziecko zachorowało. Sprowadziłem ze szpitala lekarza, który powiedział, że konieczna jest transfuzja. Okazało się, że nie ma odpowiedniej grupy krwi. A mnie właśnie zbadali krew i dostałem kartkę, że mam grupę krwi „0", więc powiedziałem, żeby wzięli krew ode mnie. Wtedy się uważało, że „0" można dać każdemu. To była tragiczna scena: przetoczyli dziecku moją krew, a ono dostało wstrząsu i umarło. Wtedy nie wiedzieliśmy, dlaczego. Potem dopiero, dużo później, okazało się, że pomylili moje wyniki i dostałem cudzą kartkę, bo naprawdę mam grupę AB. Potem była akcja i brali wszystkich na Umschlagplatz. A do mnie przyszedł Rus i powiedział: - Jestem ci wdzięczny, że moje dziecko umarło na łóżku z powodu twojej krwi, a nie poszło do wagonu.

Patrzę na siebie, gońca w szpitalu, i zastanawiam się, jak to było. Ile razy była potrzeba, szedłem do tych lekarzy i oni mnie słuchali, szli tam, gdzie prosiłem, taki chłopak, taki nikt, goniec - musiałem być strasznie bezczelny - nie wiem, dlaczego mnie słuchali, takiego gówniarza, oni, poważni ludzie. Pracowali w szpitalu i żeby spełnić moją prośbę, musieli stamtąd wyjść nielegalnie, bo nie wolno im było opuszczać szpitala i pójść do jakiegoś obcego mieszkania. Ryzykowali za nic, bez pieniędzy, tylko dlatego, że poprosiłem. Ciekawe, dlaczego oni tak szli? Wszystkie te przypadki, do których ich zabierałem, były wtedy w getcie codziennością. Za każdymi drzwiami byli chorzy potrzebujący lekarza. To dlaczego mnie słuchali i szli tam, gdzie ich wzywałem? Dlaczego chcieli się dla mnie narażać?

I zawsze się zastanawiam, dlaczego doktor naczelna dała mi numerek życia, przecież w szpitalu byłem tylko gońcem.

O Bernardzie Goldsztajnie

Dla mnie, przynajmniej do wybuchu wojny, Bernard Goldsztajn był przede wszystkim ojcem Janka, mojego kolegi z klasy, od kiedy pamiętam, ważnym działaczem bundowskm, wielkim autorytetem, twórcą i szefem milicji bundowskiej.

W getcie zakolegowaliśmy się. Bernard nie mógł wychodzić na ulicę, bo szukali go Niemcy. Przychodziłem do niego zawsze koło godziny dwunastej i graliśmy w czerwonego ekspresowego króla (to gra w karty, nie będę cię teraz tego uczył, ale wszyscy Żydzi umieją w to grać). Przychodzili jeszcze Abrasza Blum i Berek Sznajdmil. Nie wiem, dlaczego mnie wzięli, pewnie potrzebowali czwartego. To było na Nowolipiu, pod numerem 12. Potem, w tym samym składzie, chodziliśmy na obiady na Dzielną 31 do pani Buksowej. Podawała zupę i nie pamiętam co jeszcze. W getcie był głód. Potem po wojnie ta Buksowa zakochała się w Falku i mieli się pobrać, ale znalazła się żona Falka i go zabrała.

A Buksowa została na lodzie i pojechała do Australii sama.

Bernard wyszedł na aryjską stronę sporo przed wybuchem powstania w getcie. Nie było go już w getcie, kiedy się włączyłem do ŻOB. Ale przedtem mówił mi: „Zawsze wszystko tak organizuj, żeby wyglądało, że ludzi jest dużo". A ja mu wtedy odpowiadałem, że przecież nie ma ludzi, skąd ich wezmę, jak nie ma. A Bernard na to: „Ja robiłem tak: brałem kilka osób i, jak była potrzeba, przewoziłem ich dorożkami w różne miejsca, żeby zawsze byli tam, gdzie coś się działo albo miało dziać". To Bernard zorganizował w Wielkanoc 1940 roku obronę przed zainspirowanym przez Niemców pogromem w getcie, do którego zwieźli ludzi spod Warszawy. Tak jak przed wojną skrzyknął tragarzy z Ptasiej, którzy dyszlami od swoich towarowych wózków dali tym ludziom wycisk. Opisałem to w *Getto walczy*:

> W czasie Świąt Wielkanocnych 1940 roku został zorganizowany kilkudniowy pogrom. Niemieccy lotnicy werbują polskie męty, płacąc im po 4 złote za „dzień roboczy". Przez pierwsze trzy dni hulają bezkarnie. Czwartego dnia bundowska milicja przeprowadza ak-

cję odwetową. Dochodzi do czterech dużych walk ulicznych: Solna - Hale Mirowskie, Krochmalna - plac Grzybowski, Karmelicka - Nowolipie, Niska - Zamenhofa. Akcją z ukrycia kieruje towarzysz Bernard.

Ale szczególny charakter partyzantki miejskiej, jaką trzeba było w getcie prowadzić przeciwko Niemcom, był Bernardowi zupełnie obcy. Nie rozumiał, że w getcie są całkiem inne warunki walki.

Z Bernardem nie można się było nudzić. Po aryjskiej stronie i na aryjskich papierach ukrywały się dwie dziewczyny, pracowały i mieszkały u nieświadomych tego ludzi. Zajmowały się wypiekaniem ciastek, które potem jedna z nich (druga była pokojówką) sprzedawała, krążąc po warszawskich mieszkaniach. Kiedy nie udało się jej sprzedać wszystkich ciastek, przed samą godziną policyjną wpadała do znajomych i im je wmuszała. Te niesprzedane ciastka najczęściej zjadał Bernard.

Z Bernardem wiążą się dziesiątki często dramatycznych sytuacji, które za sprawą jego pogodnego usposobienia, ale również błyskotliwego refleksu i temperamentu nabierały z pozoru zabawnego, wręcz komicznego charakteru, chociaż tak naprawdę pokazywały jego zimną krew i odwagę. W getcie, a jeszcze bardziej po aryjskiej stronie, wychodzenie na ulicę było dla Bernarda bardzo niebezpieczne. Jego twarz i potężną sylwetkę znała cała Warszawa, bo Bernard dowodził przed wojną akcjami milicji PPS i Bundu. Nie można było wiedzieć, czy ktoś, kto go rozpozna, nie współpracuje z Niemcami. Dlatego nosił długą, bujną, skrywającą twarz brodę. Kiedy na skutek donosu stracił mieszkanie, wprowadził się do dziewczyn wypiekających ciastka. Gospodarze nie mieli prawa o tym wiedzieć, więc zamieszkał u nich pod łóżkiem. Czasem jednak musiał wyjść do łazienki. Pewnej nocy, kiedy się tam skradał, podłoga mocniej zaskrzypiała i wyrwany ze snu gospodarz wybiegł z sypialni na korytarz. Na widok wielkiego chłopa z długą, rozwianą brodą zaczął krzyczeć: „Zjawa, zjawa brodata w moim domu!". Po chwili do męża dołączyła przerażona żona, ale Bernard już odzyskał formę i zwrócił się do niej serdecznie: „Bardzo przepraszam szanowną panią, ja się tu zakradłem, żeby podziwiać pani słynną urodę!". Pocałował ją w rękę i pobiegł prosto do ubikacji.

Takich historii można opowiedzieć wiele. Ale chcę tu przede wszystkim powiedzieć, że Bernard

Goldsztajn był osobą bardzo ważną. Jednak nie dlatego, że pełnił jakieś ważne funkcje w żydowskim życiu partyjnym i związkowym, nie dlatego nawet, że tak skutecznie zajmował się obroną ludności żydowskiej przed antysemickimi ekscesami oraz komunistycznymi rozłamami niszczącymi ruch robotniczy, ale przede wszystkim dlatego, że był człowiekiem dobrym i wrażliwym, czułym dla każdego krzywdzonego. Szczególnie dobitnie mogliśmy się o tym przekonać w getcie, kiedy służył pomocą i radą wszystkim głodnym, niezaradnym, nieumiejącym się odnaleźć w nowej tragicznej rzeczywistości. Dla niektórych ludzi jego troska stała się darem życia. Dzięki niemu się uratowali. Niektórym bojowcom i działaczom politycznym pomógł przetrwać trudne czasy wojenne i psychicznie, i fizycznie.

Mimo grożącego mu niebezpieczeństwa Bernard zawsze mówił, że woli myśleć o pięknych dziewczynkach niż o tym, że ktoś go wyda. W getcie szukali go Niemcy, po aryjskiej stronie nieraz groziła mu denuncjacja, a po wojnie, kiedy Niemcy odeszli, komuniści polowali na niego tak wytrwale, aż go wreszcie złapali. UB miało go już w swoich łapach i wyglądało na to, że zaraz przekażą go NKWD. I nagle, zupełnie nieoczekiwanie, pilnujący go strażnik otworzył drzwi i okładając niemal na oślep, właściwie wykopał z posterunku, prosto na ulicę. Nie wiadomo, kim był ten strażnik. Przypuszczam, że kimś, kto znał Bernarda z tego, że służył pomocą ludziom.

Postawa Bernarda Goldsztajna niech będzie przykładem dla tych, którzy znaleźli się w opałach, niech będzie dla nich wzorem, jak się zachować w trudnych, a nawet ekstremalnych sytuacjach, i jak udzielać pomocy wszystkim potrzebującym.

Polskę opuścił nielegalnie razem z Zygmuntem Zarembą. Prawie do granicy bezpiecznie odwieźli ich jego podwładni.

Miłość w getcie

Pani Tenenbaumowa, pielęgniarka ze szpitala Bersonów i Baumanów, była przyjaciółką mecenasa Berensona. Codziennie podawała mu obiad. Po obiedzie pan mecenas zasypiał, a wtedy przychodziła jej córka, grzeczna siedemnastoletnia dziewczynka, ulizana, gładko uczesana, w białej wykrochmalonej bluzeczce. Pomagała mamie sprzątać.

Skończyła się Wielka Akcja i 44 tysiące osób dostało numerki życia. Wśród nich pani Tenenbaumowa. Kiedy wszyscy z numerkami wyszli na stronę „do życia", ktoś zauważył, że pani Tenenbaumowa leży w łóżku, a na stoliku stoją puste butelki po luminalu oraz list i jej numerek życia. Pani Tenenbaumowa napisała w tym liście, że swój numerek życia oddaje córce i że popełniła samobójstwo. Nie będę opowiadał dokładnie o różnicach zdań wśród lekarzy na temat ratowania pani Tenenbaumowej. Jedni uważali, że trzeba ją ratować, a inni, że nie, bo taka była jej wola. I tak się stało.

Deda, tak miała na imię córka pani Tenenbaumowej, dostała więc numerek życia. Taka nieśmiała dziewczynka została sama. I nagle się zakochała w jakimś chłopcu. Widocznie miała też trochę pieniędzy, bo chłopak załatwił im mieszkanie po aryjskiej stronie. Rozkwitła w tej miłości. Przez trzy miesiące żyła z tym chłopcem w wielkim szczęściu w mieszkaniu po aryjskiej stronie. Nic innego nie było po niej widać, tylko tę miłość. Każdy bez wyjątku, kto ją wtedy widział, mówił, że promieniała szczęściem. Marysi, która do niej przychodziła, powiedziała, że to są najszczęśliwsze miesiące w jej życiu. Ciepło, które dawał jej chłopiec, sprawiło, że zapominała o getcie. To szczęście trwało trzy miesiące. Potem - może się skończyły pieniądze - gospodarze wydali ją i jej chłopca.

Między akcją styczniową a kwietniem wracaliśmy przez piąte piętro wielkiej kamienicy z wielkimi mieszkaniami z akcji w piekarni (każdy piekarz musiał oddawać nam 40 bochenków chleba i to się zwykle działo nad ranem po zakończeniu wypieku). Wszystkie drzwi w mieszkaniach, również na klatki schodowe, były pootwierane, żeby ułatwić przejście (wchodzisz do mieszkania frontowymi drzwiami,

przechodzisz przez całe mieszkanie i wychodzisz na kuchenną klatkę, a stamtąd do następnego mieszkania). W korytarzach i przedpokojach były poustawiane łóżka.

Zobaczyłem Złotogórskiego. To był wielki chłop. Nie wiem, dlaczego został mi w oczach jego wielki opalony tors (bo jeszcze nie było lata i nie miał się jak opalić). Na jego ramieniu leżała siedemnastoletnia mała dziewczynka o blond włosach. Spała wtulona w niego, a na jej twarzy malował się błogi uśmiech i spokój. Po kilku dniach wpadli razem w jakiejś dodatkowej łapance i wywieźli ich do Treblinki.

Blisko czterdziestoletnia lekarka, mąż też lekarz, oficer lotnictwa. Zaginął w czasie wojny. Nie wiedziała, co się z nim stało. Dziś wiadomo, że zginął w Katyniu. Drugiego dnia wojny przyszła do szpitala na swoje stanowisko pracy i już z niego nie zeszła. Była bardzo samotna. Czuła się nieswojo. Nawiązał się romans między nią i o piętnaście lat młodszym chłopcem. Chłopak nagle zachorował, wzięła go do siebie do łóżka i jakimś cudem odratowała. Spała z nim w jednym łóżku przez parę dni.

Potem mówiła, że pierwszy raz w tej samotności znalazła kogoś, była z kimś i będzie się odtąd starała być zawsze z kimś.

W powstaniu warszawskim znów została sama. Miała flakon, a w nim 4 gramy (kolosalna dawka!) morfiny. Wypiła te 4 gramy morfiny i kiedy się już lekko zataczała, ktoś przyszedł i wlał jej na siłę do gardła kubek wody z mydłem. Zwymiotowała i obudziła się w środku nocy, już przytomna.

I wówczas zaczęła się jej wielka miłość z chłopcem o dwadzieścia lat od niej młodszym. Przeżyła z nim w szczęściu czas między końcem powstania a listopadem, kiedy została wyprowadzona z Żoliborza jako szczęśliwa, uśmiechnięta, pomocna wszystkim kobieta. Skończyła się wojna, zamieszkała w Łodzi. Któregoś dnia ktoś do niej przyszedł, drzwi były otwarte. Odniósł wrażenie, że mieszkanie jest puste. Tymczasem, jak się okazało, w kuchni pod kocem z głową zakutaną tym kocem, leży pani doktor. Może śpi, może drzemie. Nagle siada i mówi: „Ja tu więcej sama nie będę". To mówi człowiek tak odważny jak ona. „Ja się boję, muszę stąd uciekać".

Nie wiadomo, jakim sposobem dostała się do Australii. Tam też była sama. Wielki specjalista w swojej dziedzinie medycyny. Po Pacyfiku pływał okręt z żydowskimi dziećmi, którego żadne państwo nie chciało wpuścić. Stanął na redzie, dwanaście mil od brzegu. Mieszkańcy na łodziach podpływali do okrętu i zabierali po kilkoro dzieci. Moja lekarka też wyszła na brzeg. Zabrała do siebie dwóch chłopców i dziewczynkę. Jeden z chłopców został architektem i budował w Szanghaju, drugi - profesorem budowy okrętów, a dziewczyna została świetnie wykwalifikowaną laborantką. Gdy dorósł jeden z jej synów, zakochała się w nim i przeżyła z nim długie szczęśliwe lata. Napisała potem w liście, że chociaż już wie, co stało się z jej mężem, którego bardzo kochała, to przy życiu utrzymała ją miłość. Miłość i ciepło jej syna, który został potem jej kochankiem. Umarła, mając ponad 90 lat.

Mama tej dziewczyny zachorowała. Została sama z siostrą bliźniaczką. Bały się być w nocy same w domu z chorą mamą. Zaczął je odwiedzać chłopak, rykszarz. Jak z mamą było bardzo źle, zostawał na noc, a ona ze strachu, że coś się stanie, przytulała się do niego. Spała z nim w batystowej nocnej koszuli. Wtulała się w niego i spokojnie przy nim zasypiała. Chyba się zaczęli kochać. Nie jest pewne, czy się kochali, ani nawet czy wiedzieli, jak to się robi, ale dzięki jego obecności zyskiwała spokój. Mama zaczęła zdrowieć, a ona poszła do pracy. Któregoś dnia na Karmelickiej była obława. Gdy się o tym dowiedziała, pobiegła do domu, ale mamy już nie było. Tłum, parę tysięcy osób, był pędzony na Umschlagplatz. Nawinął się jej chłopak z rykszą. Dogonili pochód i jadąc wzdłuż całego wielotysięcznego tłumu, zaczęli szukać mamy. Tuż przed Umschlagplatzem dojrzeli ją. Ona wysiadła z rykszy, on został na skraju chodnika. Powiedziała mu: „Niestety, musimy się rozstać, mama nie może iść sama w taką drogę". I poszła za mamą do wagonu. Co się stało z siostrą - nie wiadomo.

Była wigilia Bożego Narodzenia. Dwie nasze łączniczki mieszkały na Miodowej w domu, w którym dziś się mieści Państwowa Wyższa Szkoła Teatralna. Wróciły do domu, kiedy już się ściemniło, i zaczęły rozpakowywać zakupy. Wyjmowały różne wiktuały, kiedy ktoś zapukał do drzwi. Był to starszy pan z długą brodą. Żyd, któremu się udało uciec przed półgodziną z komisariatu, gdzie go zatrzymano. Czy się znali przedtem, trudno powiedzieć. Może tak i dlatego do nich trafił. Został. Przyszły jeszcze inne koleżanki, rzekomo na wigilię, i tak w czwórkę czy w piątkę zostali na noc. Spali na podłodze. Jedna z naszych łączniczek kochała się z nim przez całą noc na oczach wszystkich. Trudno powiedzieć, czy ta łączniczka nie była typem biseksualnym, bo przedtem była przyjaciółką starszej lekarki, którą zabrali w łapance po aryjskiej stronie do Oświęcimia. I został ten stary Żyd z długą siwiejącą brodą. Zakochał się w naszej łączniczce i tak żyli razem do powstania warszawskiego. Ich miłość była tak wielka, że zaniechali wszelkich środków ostrożności i razem, trzymając się za ręce, chodzili po mieście. Wyglądali na tak szczęśliwych, że mogli tak, trzymając się za ręce, swobodnie chodzić po ulicach, bez żadnego strachu. Rozdzieliło ich powstanie warszawskie. Powiedział wtedy: „Nie mam już nikogo, jestem sam i nikt mi już ręki nie poda". Cztery tygodnie powstania przeżył, siedząc na schodach na Starym Mieście. Ona jako sanitariuszka pracowała w jakimś szpitalu w innej dzielnicy. Spotkali się w Śródmieściu, gdzie razem przeżyli tydzień. Oboje odżyli, znów nie czuli strachu.

On przeżył powstanie, ale aresztowało go UB i ślad po nim zaginął. Ona została w Warszawie, sama, później urodziła dwoje dzieci. Wszystko, co czuła do niego, przelała na te dzieci - tak mówiła. Nigdy za mąż nie wyszła. A była ładna.

Była pracownikiem technicznym w szpitalu w getcie. Była ładna, ale głupia. Jakoś się wydostała na aryjską stronę. Została naszą łączniczką. Miała niebieskie oczy, ale mówiło się, że ma oczy jak krowa. W powstaniu warszawskim była na Żoliborzu. Któregoś dnia tuż obok niej granat wybuchł i ciężko ranił jednego z żołnierzy. Zaopiekowała się nim i oczywiście natychmiast się w nim zakochała. Przez sześć tygodni leczyła mu rany na głowie, uważając się za wielką specjalistkę, bo przedtem pracowała w szpitalu. Żoliborz skapitulował, ale on wciąż nie miał siły chodzić. Została z nim na opuszczonym przez ludność cywilną Żoliborzu. Gdzieś w listopadzie znalazł ich patrol Czerwonego Krzyża. Wynieśli go, a ona poszła za noszami. Została z nim. Byli razem do końca jego życia. Nasza głupia łączniczka mówiła, że warto jej było przecierpieć getto i powstanie warszawskie, bo dzięki temu wie, co to jest miłość i ile można z siebie oddać drugiemu. Kiedy umarł, całą miłość przelała na syna. Ale ta jej miłość była szalenie uciążliwa.

Ściemniało się. Do godziny policyjnej brakowało pół godziny. A on dostał polecenie, żeby przejść do małego getta. Młody, zdrowy, szybki. Poleciał. Załatwił. A kiedy zaczął wracać, już było ciemno. Przeskakując od bramy do bramy, dotarł do domu. W ciemnej klatce schodowej stał jakiś cień. Dotknął i poczuł dwa grubo splecione warkocze. Objęli się i razem weszli na pierwsze piętro. I już przez całą wojnę razem zostali. Przeszli razem wszystko co najgorsze i najlepsze podczas okupacji. Po wojnie ona wyjechała do Ameryki, sama. On został. Nauczyli się siebie, nauczyli się być jednością. Po dwudziestu latach znów się spotkali. Chociaż przez ten czas każde z nich żyło innym życiem, dalej byli jednością. Kiedy umierała, zadzwoniła jej opiekunka i zapytała, czy można przestać ją leczyć.

Ulica Mylna zaczynała się przy Przejeździe i biegnąc zygzakiem, kończyła na ogrodzonym skwerku przylegającym do Karmelickiej. Z drugiej strony skwerku dochodziło łukiem Nowolipie, które dalej, już prosto, ciągnęło się po drugiej stronie Karmelickiej. Ulicy Przejazd też dzisiaj nie ma. Zaczynała się przy Lesznie. Omijała Długą po stronie wschodniej i tworzyła placyk z pokrzywioną Mylną i łukowatym Nowolipiem, a za Nowolipkami skręcała do Nalewek.

W czasie lipcowej Wielkiej Akcji przypadkiem przechodząc ulicą Mylną, w oknie sutereny ostatniego przed Karmelicką, przylegającego do skwerku domu, zobaczyłem twarz Hendusi Himelfarb. Była moją szkolną koleżanką, córką wielkiego działacza społecznego, przywódcy związków zawodowych. W czasie wojny pracowała w sanatorium Medema w Miedzeszynie pod Warszawą. Wysyłano tam zagrożone gruźlicą dzieci z warszawskiego getta i tam, otoczone przyjaźnią i rodzinnym ciepłem, odbywały rzekomą kurację.

Miała jasną twarz i jasne, grube warkocze. Zwykle upinała je na głowie w koronę, teraz były luźno opuszczone. „Hendusiu, chodź - zawołałem do niej. - Jest droga wyjścia dla ciebie, dla takich jak ty. Jutro wyjdziesz na aryjską stronę". Dzielił nas chodnik i ten ogrodzony skwerek. „Mam tu sto pięćdziesięcioro dzieci, przecież ich nie zostawię. Nie mogą same iść do wagonów i same pojechać w tę podróż" - krzyczała do mnie z okna sutereny przez całą szerokość chodnika. W tym domu przedtem był szpital ewangelicki. Teraz ulokowali w nim dzieci z sanatorium Medema. Hendusia wiedziała, dokąd prowadzi ich dalsza droga. Wiedziała to również Roza Ejchner, stara nauczycielka z Wilna, która z nimi została. Wszyscy inni nauczyciele i wychowawcy gdzieś się rozbiegli podczas wywózki sanatorium z Miedzeszyna. Była wśród nich żona Artura Zygielbojma z synkiem, która ukryła się w jakichś krzakach między Miedzeszynem a Wiązowną. Ale ktoś musiał ich wydać i tam, w tych krzakach, zostali zabici. Z dziećmi do Warszawy, a potem dalej, w ostatnią podróż, pojechały tylko Hendusia i Roza. Hendusia mogła wyjść, przeżyć, uratować się. Ale nie chciała, żeby dzieci się bały, żeby płakały. Została z nimi, a przecież wiedziała, co się stanie. Czy z poczucia obowiązku czy z miłości do nich? Wtedy to było to samo.

Siostra przełożona - wysoka, przystojna, z szopą złotorudych blond włosów. Mieszka w dawnej sali operacyjnej, gdzie okno zajmuje całą ścianę. Stoi w szlafroku przy oknie i wzywa przechodzącego podwórkiem chłopca. Otwiera mu drzwi, rozchyla szlafrok i pokazuje przepiękne mlecznobiałe ciało. Chłopak, choć zaskoczony, jednak wchodzi. Przełożona wstrzykuje mu dawkę morfiny i kładzie się naga na tapczan, a on, zdezorientowany, ucieka.

A potem przyszła Wielka Akcja Wysiedleńcza. Zakochał się w niej lekarz, folksdojcz piątej kategorii, którego Niemcy mianują komisarzem szpitala. Podczas Wielkiej Akcji, gdy wysiedlają szpital dziecięcy z Siennej, zabierają ją na Umschlagplatz razem z dziećmi. Komisarz dowiaduje się o tym wieczorem, pokazuje swoją niemiecką legitymację i wpuszczają go na Umschlagplatz. Znajduje ją wśród tłumu i wyprowadza. Po godzinie policyjnej są już w jego mieszkaniu. Kochają się do szaleństwa przez całą noc, a potem ją i jej chorego na gruźlicę męża wyprowadza z getta i wynajmuje im w Świdrze mieszkanie. Codziennie do nich przyjeżdża, przywozi jedzenie. Za każdym razem wychodzą na pół godziny do lasu. Któregoś dnia przyjeżdża i zastaje mieszkanie puste. Sąsiedzi mówią, że przed chwilą ich wyprowadzono i leżą rozstrzelani przy torze kolejowym. Idzie tam, klęka i długo się modli. Ucieka, gdy nadjeżdża patrol niemiecki. Tak się skończyła ta szaleńcza miłość.

Może opowiem ci o miłości starszych ludzi...

Obracałem się zawsze wśród ludzi młodych. Właściwie to były młode albo trochę starsze dzieci, wszyscy mieli najwyżej 20 lat, ale buzie bardzo młode, dziecinne. Ludzie dorośli byli dla mnie starzy. To nie byli moi znajomi. Patrzyłem na te dorosłe małżeństwa, jak siedzą cały dzień razem przy stole. Razem chudną, razem milczą i przeważnie razem umierają. Czasem starszym, tak mi się zdawało, państwu, u których mieszkałem, udawało mi się przynieść talerz zupy. Oczy im nawet na to nie rozbłysły. Czasami widziałem, jak żona przerzuca mężowi łyżkę zupy ze swojego talerza, i dalej nieruchomo siedzi przy stole.

Estusia

Estusia, która się mną opiekowała po śmierci mojej mamy, matka mojego kolegi z klasy Rubina, żona bardzo bogatego dentysty, mieszkała na Pawiej pod pierwszym. Została sama, bo jej mąż i syn jak inni mężczyźni uciekli we wrześniu z Warszawy. A mnie się zdawało, że robię wielką rewolucję, drukując „Biuletyn", i jakoś tam nie zaglądałem. Ale raz zajrzałem i zastałem tylko nianię Rubina. Gabinet dentystyczny pana doktora był utrzymany w wielkim porządku. Fotel dentystyczny, maszyna dentystyczna, wszystko było starannie okryte białymi prześcieradłami. Zapytałem nianię, gdzie jest Estusia, a ona mi powiedziała, że Estusia wychodzi codziennie rano i wraca tuż przed godziną policyjną. Jakoś więcej tam nie zajrzałem, a i pani Estusia mnie nie szukała. Nawet się dziwiłem, dlaczego mnie nie szuka, ale nie szukała. Estusia była przystojną kobietą, średniego wzrostu, zawsze bardzo elegancką. Przez cały okres getta praktycznie jej nie widziałem.

Było już chyba po drugiej akcji, styczniowej. Nie pamiętam, dlaczego znalazłem się na Wroniej. Wszedłem na strych, a tam na podłodze, na siennikach pokotem leżeli ludzie. Wśród nich zobaczyłem Estusię. Leżała na sienniku. Jakiś pan podawał jej chyba herbatę albo wodę gorącą. Mówię do niej: „Proszę pani, jest mieszkanie po aryjskiej stronie. Ma pani dużo pieniędzy, może pani wyjść". Wtedy się uważało, że to jest sposób na przeżycie. „Wystarczy pani do końca wojny". Prawie się do mnie nie odezwała. Powiedziała tylko: „Nie, ja z nim zostanę. Może tu jakoś

Może opowiem ci o miłości

przeżyjemy albo razem zginiemy. Nigdy nie byłam tak szczęśliwa w miłości, jak tu przez te cztery lata. Dlatego cię nigdy nie szukałam". „Pani Estusiu, pani ma wielką szansę" - nalegałem. Nie pamiętam dokładnie jej słów, ale powiedziała coś w rodzaju: Moją szansą były te cztery lata i ja z niej skorzystałam.

Żebym ja pamiętał, jak ona miała na imię...

Miała dwoje dzieci, bliźniaczki, dwie dziewczynki. Jedna chuda jak nitka, a druga podobna do matki, okrągła, pucołowata. Była nauczycielką. Męża miała w Londynie. Działacza. Przed wojną był przewodniczącym albo sekretarzem żydowskiej organizacji młodzieżowej. Człowiek, który był przy aresztowaniu Erlicha i Altera w Kujbyszewie. Uważaliśmy za swój obowiązek uratować jego rodzinę. Władka Peltel, naczelna łączniczka Mikołaja Fajnera, znalazła bardzo dobre mieszkanie dla całej rodziny. Nie wiem, dlaczego nie zapamiętałem, jak to się odbyło, opowiedziała mi to po wojnie jedna z bliźniaczek.

Któregoś dnia o zmroku przyszedłem po nie. Podprowadziłem pod mur na Świętojerskiej i bez kłopotu przerzuciłem dzieci na drugą stronę. Podstawiało się drabinę, wchodziło się na górę, a potem trzeba było zeskoczyć. Jak po drugiej stronie nie było nikogo do pomocy, można było, jak Stasia, skręcić nogę. Ale czekała na nie przyjaciółka, która szczęśliwie odebrała bliźniaczki. Co za cud, że akurat w tej chwili i w tym miejscu nie było szmalcowników. Przyszła kolej na mamę. I wtedy ona mówi, że nie wychodzi. Od roku jest z kimś związana i to jest najszczęśliwszy rok jej życia. Została. Stała ze mną, dopóki córki nie pomachały rączkami z okna po aryjskiej stronie, jak się umówiliśmy. Rano Władka zabrała je do przygotowanego wcześniej mieszkania, gdzie przeżyły całą okupację. Ale po wojnie miałem z nimi mnóstwo kłopotu. Zanim pojechały do ojca, mieszkały u przyjaciółki matki, od której ciągle do mnie uciekały.

Spotkałem ją jeszcze w czasie ostatniej akcji, to znaczy, jak to się dziś mówi, w czasie powstania w getcie. W bunkrze przy Nalewkach, kiedy szukaliśmy Celiny, która wpadła nagle do piwnicy w drodze na Miłą, otworzył się jakiś zamaskowany otwór i zobaczyłem ją i tego pana, dla którego i z którym została. Przystojny, smukły, o miękkich rysach, stał i trzymał ją za rękę. „Nic nie mogę pani teraz pomóc" - powiedziałem. Patrzyła na mnie spokojnie, a po jej twarzy błąkał się bezwiedny uśmiech. „Ja od ciebie nic nie chcę. To był najszczęśliwszy rok w moim życiu".

Ulice getta

Karmelicka

A właściwie kawałek Karmelickiej: od Leszna, gdzie się zaczyna, do skwerku przy zbiegu Mylnej i Nowolipek. Dalej Karmelicka przecina jeszcze Nowolipki i kończy się na Dzielnej, niemal na wprost więziennej bramy. Tędy, przez Karmelicką, prowadzi droga do małego getta. Ludzie napływają z całego niemal getta Dzielną od Zamenhofa, Nowolipkami i Nowolipiem. Ulica jest wąska. Za skwerkiem przy Mylnej jest już tłoczno. W ciągu dnia masa ludzi przewala się w obie strony. Ludzkie mrowie sunie chodnikami i całą szerokością jezdni. Mrowie, co znaczy, że chcąc tędy przejść, trzeba się przepychać, przedzierać przez tłum, ocierać o innych ludzi. W tłumie panuje zgiełk. Ludzie krzyczą. I tak jest aż do rogu Leszna. Tu nagle robi się luźniej. Leszno jest szersze. Tłum się rozrzedza. Teraz trzeba by skręcić w prawo w Leszno, potem w lewo w Żelazną, pójść wzdłuż rozcinającego ulicę muru i tam wejść na most przerzucony nad aryjską częścią Chłodnej, żeby się dostać do małego getta.

Na początku Karmelickiej brama pod szóstym tworzy lekkie wgłębienie. Siedzą tam dzieci i żebrzą. Białe, wychudzone, ledwo się ruszają, ale każde wyciąga rękę. Obok nich jakieś dziecko leży przykryte papierem. To już tutaj umarło. Bliżej Leszna zwykle stała dziewczynka i licząc na grosz, wyśpiewywała jakąś piosenkę. Stała tam długo, aż któregoś dnia usiadła i zasnęła. Już się nigdy nie obudziła. Z głową opartą o mur czeka, aż następnego dnia przyjadą ludzie i wrzucą ją na wózek z trupami. Zdejmą z niej przedtem czyściutkie paletko, które miała na sobie, chociaż to lato, buty i koszulkę i wrzucą na wózek pełen nagich trupów.

Idziemy dalej Karmelicką ku Lesznu. Na samym rogu wielka szyba. Lokal, niby-herbaciarnia, gdzie podają niby-herbatę. Nigdy nie widziałem, żeby serwowano tam coś jeszcze. Przez szybę widać parujące szklanki. Ludzie jeszcze jako tako ubrani siedzą i popijają tę niby-herbatę, a dzieci przylepione do szyby tylko na to patrzą. Nic nie mówią. Wzrok tych dzieci jest jedynie proszący. Czasem się zdarzy, że ktoś wychodzący rzuci dzieciom parę moniaków. Nie jest to suma, za którą można sobie coś kupić, ale to jest coś własnego. Nie ma bijatyki o rzucone grosze, jest tylko głód w oczach.

Dobrze jest, kiedy na Lesznie nie pokazuje się żaden Niemiec. Wtedy można odetchnąć.

I tak niby-spokojnie trwa wszystko do godziny trzeciej. Dzieci umierają pod murem, a dorośli przepychają się Karmelicką - jedni w kierunku Leszna, inni w stronę Mylnej. Przez Karmelicką prowadzi też droga na Pawiak i Serbię. Zawsze koło godziny trzeciej, przeważnie Lesznem od Żelaznej, nadjeżdża rozpędzona, przykryta plandeką ciężarówka wioząca z gestapo więźniów po przesłuchaniu. Więźniów nie widać. Widać tylko stojących przy klapie paki dwóch pilnujących więźniów żandarmów z biczami i pistoletami gotowymi do strzału. Samochód ostro bierze zakręt w Karmelicką i wbija się w tłum. Tłum jest tak gęsty, że ludzie nie mają jak ustąpić miejsca, nie mają dokąd uciekać. Samochód musi zwolnić. Esesmani torują sobie drogę. Na ludzi przed maską napierają samochodem, a w tłum z tyłu strzelają i walą biczami. Nie wiadomo, czy ktoś ginie pod kołami. A jeżeli tak, nikt na to nie zważa. Zabitych uciekający rzucają pod mur. Z tyłu jest już pusto, przed samochodem wciąż mrowie. Jak na lasso biczami próbują esesmani łapać ludzi z tłumu. A jak im się nie udaje, padają strzały.

Z wolna samochód dojeżdża do zbiegu Mylnej i Nowolipia, na skwerek między Mylną i Nowolipiem. Tu często się zatrzymuje. Ale tu już nie ma tłumu, tu nie ma ludzi. Na Nowolipiu, naprzeciwko ogródka, jest przedwojenny hotel „Bretania", gdzie Niemcy urządzili sobie night-club. Teraz jeden z nich wyskakuje z samochodu, a po chwili wraca z dwiema flaszkami, prawdopodobnie nie wody sodowej. Trzaskają bicze i samochód powoli rusza Karmelicką, żeby dowieźć więźniów na Pawiak. Ilu jest więźniów w więźniarce - nie wiadomo. Brama więzienia od Dzielnej jest już otwarta, samochód wjeżdża i znika. Brama się zatrzaskuje, ulica jest pusta.

Ale na Karmelickiej przy ujściu Leszna jest pełno, ludzie biegają, popychają się. Trudno powiedzieć, ilu ludzi ginie podczas takiego przejazdu. Zawsze potem przyjeżdża wózek Pinkierta i zbiera trupy z ulicy. Nie wiadomo, gdzie i kiedy ściągną z nich ubrania, żeby nagich wrzucić do masowego grobu.

Co wieczór po godzinie policyjnej pod hotel „Bretania" podjeżdżają samochody. Niemcy bawią się tu co noc. Mają swoje kobiety i nie wiadomo, czy to jest lokal rozrywkowy czy bajzel. Na ulicy jest pusto. Słychać muzykę. Prawdopodobnie Niemcy tańczą. A przy ogródku stoją dzieci. Czekają, może ktoś rzuci przez okno peta. A nad ranem znów przyjedzie wózek i zabierze kilka dziecięcych trupów.

Nazajutrz od rana znów to samo. Przepełnioną Karmelicką sunie ludzkie mrowie. Znów wszystko wraca do normy.

Dzielna

Dzielna była ulicą spokojną. Nie była tłoczna ani ruchliwa. Zwykle nie było tam dużo ludzi. Ale przed Pawiakiem zawsze jacyś byli. Przechadzali się po ulicy statecznym, powolnym krokiem. Z okien dochodziły okrzyki: widzę cię, widzę cię, widzę cię, nie zatrzymuj się, nie zatrzymuj się! Czasem z więziennych wieżyczek rozlegały się pojedyncze strzały. Obok była Serbia, więzienie kobiece. Przez pewien czas więziono tam ludzi z paszportami zagranicznymi, obywateli krajów południowoamerykańskich i Szwajcarii. Niektórzy z nich rzeczywiście byli obywatelami tych krajów i mieli prawdziwe paszporty, ale byli i tacy, którzy mieli paszporty fałszywe, przeważnie kupione w warszawskich konsulatach za pośrednictwem gestapowców. Siedzieli w Serbii, byli niby-internowani. Okna Serbii wychodziły na Dzielną. Niby-internowani więźniowie wystawali przy oknach i wypatrywali krewnych. Od czasu do czasu i tu było słychać: widzę cię, widzę cię! Czasem ktoś z ulicy wołał: załatwiamy, załatwiamy! Co się działo za murem Pawiaka - nie było wiadomo. Na wieżyczkach stali strażnicy z karabinami, często maszynowymi. Koło Serbii można było przechodzić spokojnie. Bo na ulicy Dzielnej panował spokój. Mało kto tędy przechodził, ulica była pustawa.

Przechodząc pod Serbią, można było zobaczyć aresztowanego obywatela amerykańskiego, dyrektora Jointu, Nojsztata i wielką aktorkę Klarę Segałowicz. Stali przy oknach i patrzyli na ulicę. Nie wiem, czy ktoś do nich przychodził. Krążyła plotka, że interweniował ktoś z ambasady, chyba szwajcarskiej, żeby ich wypuścić. Wątpliwe, żeby to była prawda. Przykro było patrzyć na smutnego Nojsztata stojącego w oknie. Klara natomiast zawsze była uśmiechnięta. Odgrywała swoją ostatnią rolę. Aż któregoś dnia okazało się, że okna Serbii są puste. Mieszkałem obok i w nocy słyszałem strzały. Strzelanina trwała ze dwie godziny. A rano, kiedy się skończyła godzina policyjna, pod więzieniem już stały wózki zakładu pogrzebowego. Ci, co zbierali trupy, dobrze się chyba obłowili. Okazało się, że niezależnie od obywatelstwa, prawdziwego czy fałszywego, rozstrzelano wszystkich Żydów. A innych wywieziono do Vittel. Między innymi, widocznie przez pomyłkę, trafił tam Kacenelson i kilka żydowskich kobiet, bo chyba byli aresztowani na aryjskich papierach.

Smocza

Nie wszędzie panował taki tłok jak na Karmelickiej. Ulica Smocza była szersza. Na Smoczej był bazar. Na bazar wchodziło się przez bramę od Smoczej, między Dzielną i Pawią. Tam ludzie z getta się wyprzedawali. Przynosili z domu, co tylko mieli, żeby za to kupić kawałek chleba. Polacy, którzy mieli przepustki, przychodzili tam, żeby tanio od Żydów kupować. Ulica była na tyle szeroka, że środkiem nawet ryksze jeździły. Smocza to był raj dla haperów. Można było coś wyrwać i było miejsce, żeby uciec. Bo tu, na bazarze, ludzie kupowali chleb. No, ćwiartkę chleba, cały kosztował sto złotych, a za miesiąc pracy zarabiało się pięćdziesiąt dwa złote. Kupiwszy chleb, wsiadali do rykszy, żeby bezpiecznie odjechać ze Smoczej. I wtedy haper wskakiwał do rykszy i wyrywał paczkę. Od razu przez papier, w który był zawinięty, wgryzał się w chleb i opluwał go, żeby nikt mu go nie odebrał. Haperzy to były przeważnie dzieci, dziesięcio-, dwunastoletnie, które miały jeszcze dość siły, żeby stanąć przed jadącą rykszą, wskoczyć na nią, wyrwać ten upragniony kawałek chleba i uciec. Odebranie chleba takiemu dziecku było niemożliwością. Zresztą, cała zgraja innych dzieci rzucała się na zdobywcę i jeśli nie miał dość siły, po kawałku wyrywała mu zdobyty chleb. Kupujący chleb mogli się czuć najbezpieczniej między bramą bazaru a Dzielną. Okradziony z chleba człowiek wysiadał z rykszy, przeważnie na rogu Dzielnej i Smoczej, i dalej szedł z pochyloną głową. Nikt nie próbował tego chleba odzyskać.

Ciepła

Trwała Wielka Akcja. Byłem w domu, na Dzielnej. Nie pamiętam dlaczego, bo była godzina dziewiąta albo dziesiąta rano. Zadzwonili, że wzięli Abraszę. Wzięli go z Mariańskiej, ze szkoły pielęgniarstwa, gdzie nocował u Luby. Miałem natychmiast przyjść do szpitala. Jeszcze na Sienną, ale właśnie trwała wyprowadzka na Stawki, gdzie już przeniesiono szpital z Czystego.

Nie wiadomo, skąd nawinął się Janek Bilak, który wtedy jeździł rykszą. Wsiadłem i pojechaliśmy do szpitala. Podjechaliśmy Grzybowską do Ciepłej, a tam wzdłuż chodników stoją Ukraińcy - tak się wtedy o nich mówiło - w odstępach co najmniej dziesięciometrowych i pilnują tłumu spędzonych ludzi, którzy ustawieni w kolumnę, zwróceni twarzami w naszą stronę, wypełniają całą jezdnię Ciepłej, od Grzybowskiej aż do Twardej. Chodniki są puste. Na ich skraju, na krawężnikach stoją uzbrojeni Ukraińcy z bronią wycelowaną w tłum. Są tu tysiące ludzi, całe rodziny. Wśród nich mógł być i Abrasza. Jak go wypatrzeć w tym tłumie? Jak się przez ten tłum przedostać? Wahałem się, czy wysiąść z rykszy. Pójść pustym chodnikiem za plecami Ukraińców, czy przejść między nimi i stojącą kolumną? Zdecydowałem się wysiąść. Janek miał czekać, aż wrócę, bo gdybym nie znalazł Abraszy, a kolumna już ruszy, pewnie trzeba będzie za nią pojechać.

Idę brzegiem jezdni pewnym, zdecydowanym krokiem w kierunku Twardej przed samymi nosami Ukraińców. Patrzę na twarze ludzi, nikogo nie poznaję. Docieram do końca ulicy. Jest zamknięta kordonem Ukraińców stojących ramię w ramię w poprzek ulicy. Nie zwalniam, wciąż pewnym krokiem zbliżam się do kordonu i zdecydowanie odpycham ramieniem jednego z nich. Jestem na Twardej, poza kordonem. Żaden Ukrainiec nie zareagował. Dlaczego? Czy sprawiła to moja bezczelność?

Biegnę na Mariańską, ale szkoła jest pusta, więc biegnę na Sienną, do szpitala. Telefony nigdzie nie odpowiadają. Nie pozostawało mi nic innego, jak wracać do Janka. Tłumu na Ciepłej już nie ma, ale Janka też nie ma. Ciągle biegiem, bo czas ucieka, a nie mam już rykszy, wpadam do domu na Dzielną i stamtąd, dalej biegiem, na Umschlagplatz. I widzę to, co zawsze w takich sytuacjach się widzi. Nie zdążyłem. Wszystkie uczennice szkoły pielęgniarstwa trafiły na plac. Tłoczą się przy oknach wysokiego parteru budynku szpitala, zdejmują długie do kostek fartuchy i przez te okna wskakują do środka. Tymczasem Niemcy zaczynają pędzić ludzi do wagonów. Rzadko to robili o tak wczesnej porze. Przy oknach nie widać ani Abraszy, ani Luby. Ale Luba odnalazła go w tłumie na placu. Poczekała, aż wszystkie jej uczennice znajdą się bezpiecznie w szpitalu, ubrała Abraszę w jeden z wyrzuconych fartuchów i pomogła mu wdrapać się na okno.

Potem, w eleganckiej, czyściutkiej, kratkowanej spódnicy pielęgniarskiego munduru, sama się na nie podciągnęła. W szpitalu zaprowadziła Abraszę do ambulatorium, skąd niedługo potem wyszedł z pięknie na biało zabandażowaną ręką i został odwieziony karetką z powrotem do getta.

Po godzinie plac był pusty. Kto nie zdążył wejść przez okno do szpitala, ten pojechał do Treblinki.

Naczelna, doktor Hellerowa, powiedziała, patrząc na mnie z niezadowoleniem, że bezczelność jest dobra, ale pod warunkiem, że jest efektywna.

Od tego dnia rozpoczęła się epopeja dziecięcego szpitala Bersonów i Baumanów na Umschlagplatzu. Nie wiem, jak przewieziono tu resztkę dzieci z Siennej i resztkę dzieci chorych na gruźlicę z Leszna. Ten transport organizowała Inka tak długo, dopóki nie zobaczyła własnej matki idącej w kolumnie na Umschlagplatz. Potem popełniła samobójstwo. (Ale nie całkiem jej się to udało, dalsza jej historia jest zupełnie inna).

Kupiecka

Nie wiem, kiedy zmienili jej nazwę na Mejzelsa, dla mnie to była zawsze Kupiecka. Dziś nie ma już nawet śladu po tej ulicy, tak jak po dawnej Zamenhofa kontynuującej za Stawkami bieg Dzikiej i lekko na skos zmierzającej na tyły pałacu Mostowskich, do miejsca, gdzie i dziś ma swój początek. Gdybyśmy zatem poszli tą nieistniejącą ulicą, to między Miłą i Gęsią natknęlibyśmy się na odchodzącą w lewo małą, ślepą uliczkę. To właśnie Kupiecka. Stały tam porządne czynszowe kamienice, a przez podwórko ostatniej z nich, zamykającej ślepo ulicę, można było przejść na Nalewki. W prawo od Zamenhofa był już zupełnie inny świat z niskimi walącymi się ruderami - ulica Wołyńska. Dziś w miejscu Kupieckiej jest plac z wielkim zielonym trawnikiem, na którym latem opalają się matki z dziećmi. A może Kupiecka to jego fragment nazwany skwerem Willy'ego Brandta? A może kawałek biegnącej wzdłuż trawnika obco wyglądającej ulicy Lewartowskiego?

Róg Kupieckiej i Zamenhofa zawsze był dla mnie jakoś pechowy.

Było to po pierwszej akcji. Dokładnie 8 września 1942. Z samego rana biegłem z Pawiej do szpitala na Umschlagplatz. Tam zostałem przypisany numerkiem życia. Szedłem tam z solidarności, bo kto mógł, raczej stamtąd uciekał. Na Kupieckiej tuż przy

Zamenhofa zobaczyłem szparkę w drzwiach zakładu fryzjerskiego. Pomyślałem, że może ktoś tam jest. A byłem strasznie blady i miałem podbite oko. Nie było dobrze w czasie trwania akcji tak źle wyglądać. Okazało się, że w środku jest właściciel zakładu. Poprosiłem, żeby mi zrobił masaż twarzy. Miał taki aparat z gumową kulką, kręcił nim, kręcił, kręcił, aż policzki zrobiły się czerwone. Zabieg się skończył i przez uchylone drzwi wyszedłem na ulicę.

Po drugiej stronie Kupieckiej dwóch żydowskich policjantów szarpało dziewczynę. Trzymała się kurczowo metalowej poręczy przed wystawą sklepową. Chcieli ją zawlec na Umschlagplatz. Dziewczyna była duża, postawna, miała na sobie reglanowy męski płaszcz z gabardyny. Przebiegłem ulicę i zacząłem się szarpać z policjantami. Było nas dwoje, ja i ona, duża, silna dziewczyna z czerwonymi policzkami, na nich dwóch. W pewnym momencie tej kotłowaniny urwała się i uciekła. A oni zaczęli krzyczeć, że muszą mieć pięć łebków, bo inaczej ich zabiją. „To wszystko jedno kogo zabierzecie" - powiedziałem i pobiegłem swoją drogą do szpitala.

Również na Kupieckiej, blisko Zamenhofa, było mieszkanie, gdzie po śmierci Zyfermana ukryliśmy nasz powielacz.

„Biuletyn", a potem, od 1941, coraz więcej gazetek, drukowaliśmy z Zyfermanem i Blumką Klog. Z początku byliśmy tylko we dwoje, ja i Blumka. Śliczna, uśmiechnięta buzia, piękny biust. Miała narzeczonego w Australii, miłego bardzo chłopaka, który był działaczem młodzieżowym, a może sportowym.

Drukowaliśmy na Nowolipkach, wysoko, pod sześćdziesiątym siódmym. Kamienica była zamknięta z powodu tyfusu plamistego. Dwóch policjantów żydowskich stale jej pilnowało, żeby nikt nie wchodził i nie wychodził. Więc i nas pilnowali. W tym domu kwarantanna nigdy się nie kończyła, bo ciągle ktoś zapadał na tyfus. Mieliśmy dwa malutkie pokoiki na czwartym albo piątym, w każdym razie na ostatnim piętrze, pod samym dachem. Było tam okropnie gorąco i okropnie ciasno, zwłaszcza kiedy zaczęliśmy drukować bardzo dużo gazetek.

Przyszła tam kiedyś Stasia i jak zobaczyła, w jakich warunkach pracujemy, kazała natychmiast szukać nowego miejsca. I wtedy nawinął się Zyferman. Był zawodowym drukarzem. Przenieśliśmy się do jego mieszkania na ulicę Nowolipie. Mieszkał na pierwszym piętrze. Naprzeciwko był bazar, który ciągnął się aż do Leszna na wysokości Sądów. Zaczynaliśmy przed wieczorem. Przed robotą Zyferman był zawsze głodny, więc najpierw zasłaniało się okno kocem, a potem Zyferman schodził naprzeciwko na bazar po jedzenie. Kupował niezmiennie pęto końskiej kiełbasy i chyba ćwiartkę chleba do tego. Blumka w tym czasie wyciągała powielacz i układała papier do drukowania. Zawsze nosiła białą bluzeczkę i czyściutką plisowaną spódniczkę. Ciekawe, że nigdy się farbą nie zasmarowała. Nad ranem, po skończeniu drukowania, kładliśmy się spać w drugim mniejszym pokoiku, wszyscy razem, w poprzek tapczanu. Wydrukowany materiał składaliśmy porządnie i zostawialiśmy łączniczkom, które - nie wiadomo kiedy - przychodziły go zabrać.

W czasie pierwszej akcji, a może trochę wcześniej, wydrukowaliśmy opis tego, co się dzieje w Treblince, dokąd wywożą ludzi i jak to wszystko wygląda. Rozlepiono na mieście te wiadomości, ludzie czytali, ale nikt nie wierzył. Niestety nasz powielacz drukował tylko format A4 i druk był dość drobny. Zdążyliśmy jeszcze wydrukować relację uciekiniera z Treblinki, którą została gęsto oblepiona cała Zamenhofa. Normalnych gazetek już nie drukowaliśmy. Potem powielacz został dobrze schowany w mieszkaniu Zyfermana, za kuchnią kaflową w nieużywanym kominie. A Zyferman dalej tam mieszkał. Nie było to bezpieczne, bo akcja wysiedleńcza się nasilała. Namawialiśmy go, żeby się stamtąd wyniósł, bo strzeżonego Pan Bóg strzeże. Nawet poszedłem do niego któregoś dnia przed wieczorem, było jeszcze bardzo gorąco, i prosiłem, żeby się wyniósł. Nie chciał. Powiedział, że musi pilnować naszego największego skarbu. I jeszcze dodał, że nikt nie potrafi go tak wyciągnąć z kryjówki, żeby nie zniszczyć i nie zdemaskować schowka. Chyba godzinę później przyleciała do mnie starsza siostra Blumki z wiadomością, że Zyferman nie żyje. Pobiegłem tam. Leżał w korytarzyku, na wznak, z przestrzeloną głową.

Sąsiedzi opowiadali, że kiedy po niego przyszli, nie otworzył, tylko przez zamknięte drzwi powiedział, że nigdzie nie pójdzie. Więc Ukraińcy rozwalili drzwi, a jego zastrzelili, bo zasłonił sobą wejście. Kilka dni później wyciągnęliśmy powielacz z kryjówki - pewnie nie tak starannie i delikatnie, jak zrobiłby to Zyferman - i zabraliśmy stamtąd. Cały czas miałem pieczę nad tym naszym skarbem.

Znaleźliśmy mieszkanie na Kupieckiej i tam go ukryliśmy. Leżał tam sobie spokojnie do 6 i 7 wrześ-

Ulice getta

nia, kiedy Niemcy zrobili kocioł, to znaczy zebrali wszystkich między Zamenhofa, Gęsią, Lubeckiego i Stawkami i pod budynkiem na rogu Gęsiej i Zamenhofa, gdzie przeniesiony został zarząd gminy, odliczali szczęśliwych posiadaczy numerków życia. Skrzyżowanie Gęsiej i Zamenhofa tworzyło mały placyk z trawniczkiem otoczonym niskimi sztachetami pośrodku. Tam Niemcy ustawiali kolumnę ludzi z numerkami. Następnego dnia doliczyli się, że brakuje im kilkuset osób do zaplanowanej liczby wywiezionych i zrobili dodatkową łapankę.

A my nawet nie wiedzieliśmy, że w getcie jest nowa akcja. Po kotle ulica Kupiecka z naszym powielaczem znalazła się na ziemi niczyjej, poza zmniejszonym gettem i tam nie wolno było chodzić. Nie, żebyśmy się tym bardzo przejmowali, ale jednak powielacz trzeba było stamtąd zabrać. I koło pierwszej po południu poszliśmy z Abraszą i Adamem na Kupiecką. Tyle że nie wiedzieliśmy o akcji. Nie wiedzieliśmy też, że w akcji bierze udział nasz zaufany człowiek w policji, adwokat Nowogrodzki. Kiedy z powielaczem w worku schodziliśmy na dół, zjawili się żydowscy policjanci. Chcieli nas zaciągnąć na Umschlagplatz. Wtedy zobaczyłem dowodzącego nimi Nowogrodzkiego, podszedłem do niego, ale on tylko powiedział, że wszystko stracone, że nic nie może zrobić i nic nie chce zrobić. Wróciłem do bramy, a tam trwała szarpanina z policjantami. Ale ich było dwóch, a nas trzech, więc się im wyrwaliśmy. Nie pamiętam, dokąd zanieśliśmy ten powielacz, ale się uratował, bo był jeszcze potem używany.

Po wojnie Nowogrodzki stanął przed sądem społecznym, bo nie dopełnił obowiązku, jaki nałożyła nań organizacja, delegując go do policji. Miał chronić ludzi, zwłaszcza wykonujących zadania organizacji, a nie wysyłać ich do wagonów. Przewodniczącym sądu był Michał Szuldenfrei, a obrońcą Maślanko. Nowogrodzki się bronił, że był załamany i stracił nadzieję, że w getcie ktokolwiek może pozostać przy życiu. Dlatego odmówił pomocy. Szuldenfrei uznał, że to go nie tłumaczy, bo przynajmniej nie musiał do zła przykładać ręki, najlepszy dowód, że się sam jakoś uratował. Potem Nowogrodzki oświadczył, że nie uznaje wyroków tego sądu. Tyle że sprawa się rozeszła i już nie przyjmowali do „Robotnika" jego tekstów.

Terror w getcie

W kwietniu 1942 jednej nocy do getta wjechali Niemcy i niespodziewanie wyciągnęli z mieszkań 52 osoby, które zastrzelili na miejscu, w bramach ich domów. To był początek akcji terroru. Potem, aż do 22 lipca, do czasu rozpoczęcia Wielkiej Akcji, zjawiali się w nocy regularnie, w ten sam sposób wyciągali pojedyncze osoby z mieszkań i zabijali je, pieczętowali mieszkanie, a zwłoki zostawiali w niezamkniętej bramie lub na ulicy. Zabici byli zazwyczaj ludźmi o znaczących nazwiskach, należeli do elity getta.

Jedną z ofiar był przedwojenny właściciel znanej drukarni. Nazywał się Sklar. W getcie drukarni już nie prowadził, bo Niemcy tego zakazali, ale był osobą znaną. Mieszkał na Orlej. Pewnej nocy przyszli do niego, wyciągnęli z łóżka, zastrzelili w bramie i odjechali.

Na Chłodnej 20 i 22 były porządne, niezburzone kamienice. Mieszkali tam między innymi antykwariusz (pod numerem dwudziestym), zabity podczas operacji razem z polskim chirurgiem, który specjalnie przyszedł z aryjskiej strony, żeby go operować, oraz Czerniaków (pod dwudziestym drugim).

Wcześniej Niemcy w zasadzie nie pojawiali się w getcie w nocy, a w dzień również raczej ich tam nie było, chyba że jechali do więzienia na Pawiaku. Wtedy wjeżdżali bramą na rogu Żelaznej i Leszna i gnali wąską zatłoczoną Karmelicką na Pawiak, waląc pejczami gdzie popadnie, a nawet strzelając do nie dość szybko umykających ludzi. Kiedy zaczęły się nocne mordy w getcie, spekulacjom nie było końca. W getcie wszyscy się zastanawiali, jakie są powody tych akcji i dlaczego ich ofiarami padają ci, a nie inni ludzie. Ja uważam, że Niemcy chcieli po prostu pokazać, że nikt nie może się czuć bezpieczny, że represje dotyczą wszystkich bez wyjątku, nie tylko biednych i niezaradnych ludzi, że nikt nie kupi sobie bezpieczeństwa.

Daleka kuzynka Tosi

Któregoś dnia usiadła na schodach szpitala dziewczynka. Buzię miała nawet ładną, ale cała była jakaś niewydarzona i ruchy miała takie nieskoordynowane. Mogła mieć osiemnaście, może dziewiętnaście lat. Pytała o doktor Goliborską. Kiedy przyszła Tosia, dziewczyna powiedziała, że jest jej kuzynką, że ojciec zginął na wojnie, a matka niedawno umarła. Została sama. Prosiła Tosię, żeby jej pomogła znaleźć jakąś pracę albo inny sposób na życie. Tosia, szefowa szpitalnego laboratorium, wymyśliła, że przyuczy dziewczynę na laborantkę. „Dostaniesz utrzymanie i parę groszy, a spać będziesz w dużej sali bibliotecznej, bo nigdzie indziej nie ma miejsca".

Przez kilka dni kuzynka Tosi przyglądała się, jak pracują laborantki, a potem miała zrobić to samo. Okazało się jednak, że ma dwie lewe ręce i za co się weźmie, nic jej nie wychodzi. Została więc przesunięta do zmywania szkła. Po tygodniu dla wszystkich było jasne, że nowa pracownica laboratorium nie zmywa szkła, tylko je tłucze. Co można było zrobić? Do zmywania została jej już tylko podłoga, bo czego by się tknęła, wszystko psuła.

Po szpitalu kręcił się też jakiś chłopak. Nie pracował u nas, więc i on musiał być czyjąś rodziną. Jakoś się spiknęli ze sobą i całe popołudnia spędzali razem. Nie wiadomo, kiedy to się stało, ale nagle zobaczyliśmy, że dziewczyna już jest dobrze w ciąży.

Tymczasem zaczęła się akcja. Pierwsza akcja wysiedleńcza. Oczywiście, kiedy po zamknięciu małego getta zabierali szpital, to ona, niezdara, pierwsza wpadła do kolumny. Jej chłopak dowiedział się gdzieś na mieście, że ją zabrali. Pobiegł za kolumną, odszukał ją. Dołączył do niej i szedł razem z kolumną wzdłuż Zamenhofa. Doszli do rogu Stawek. Tam, gdzie kolumna skręcała do bramy Umschlagplatzu, zastąpił im drogę Estończyk z oddziałów obstawiających z zewnątrz getto i wycelował karabin w jej brzuch. Estończycy z tej formacji byli zawsze bardzo wystraszeni, bo nic nie rozumieli z tego, co się dookoła działo. Chłopak wyciągnął rękę i zasłonił dłonią brzuch swojej dziewczyny, a wtedy Estończyk wystrzelił. Odstrzelił chłopcu dłoń. Chłopak jakoś drugą ręką ją przytrzymał, żeby krew mniej się lała, a jak wyglądał brzuch dziewczyny z ukształtowanym już dzieckiem na wierzchu, nie będę ci mówił. Umarła na miejscu, na ulicy. Jego zabrali do ambulatorium w szpitalu, które było oczywiście na Umschlagplatzu. Tam go opatrzono i jako rannego wywieziono karetką z powrotem do getta.

Nie wiadomo, jakim sposobem z pięknie na biało zabandażowaną ręką wydostał się na aryjską stronę. Gdzieś następnego dnia po południu, a może tego samego, zatrzymali go na Pradze na Targowej. Stał oparty o żelazne ogrodzenie trawnika. I tam go Niemcy rozstrzelali.

Umschlagplatz

Umschlagplatz, po polsku - plac przeładunkowy. To miejsce, gdzie przez cały czas getta, codziennie, warzywa przywożone z aryjskiej strony do stojących tam baraków przeładowywano na stronę żydowską.

Najczęściej kalafiory, kapustę.

Potem wieziono je na platformach, ciągniętych przez dwukonne wozy. Już na ulicy Zamenhofa, a może już na Dzikiej, zjawiali się chłopcy, stawali z tyłu i strącali trochę tych kalafiorów na ulicę. A inni chłopcy łapali je i uciekali. Więc to był Umschlagplatz w pierwotnym znaczeniu.

Na Umschlagplatz dochodziły tory kolejowe z pobliskiego Dworca Gdańskiego i jak się zaczęła akcja lipcowa, to na te tory kolejowe przyjeżdżał pociąg liczący mniej więcej piętnaście, dwadzieścia wagonów. To zależało od dnia. Do tych wagonów ładowano spędzanych z getta Żydów i wysyłano ich do Treblinki.

Umschlagplatz, w nowym znaczeniu, to był sam plac przy torach kolejowych i dwa przylegające do niego budynki szkolne stojące wzdłuż ulicy Stawki. Do Umschlagplatzu należał też fragment ulicy Stawki, między budynkami szkolnymi i budynkiem Werterfassung po przeciwnej stronie ulicy ciągnącej się do Zamenhofa. Od strony placu Muranowskiego Stawki zamykał drewniany płot, od Zamenhofa była brama. Czasami na plac przeładunkowy spędzono za dużo ludzi i nie mogli wszystkich zmieścić w wagonach, bo wagonów było za mało. Wtedy zostawiali ich przez noc. Pociąg odjeżdżał gdzieś o piątej, szóstej - to było lato, więc długo było widno - i wszyscy chowali się po kątach w pustych szkolnych salach.

Tam się działy różne rzeczy, orgie, sceny okropne. Tam bito.

Straż przeważnie pełnili Ukraińcy. Ukraińcy nie z narodowości, tylko z formacji. I oni te młode, ładne Żydówki tam gwałcili. Pamiętam taką gwałconą Żydówkę. Na czwartym piętrze gwałciło ją jakichś dwunastu czy piętnastu Ukraińców. Trzymali ją za ręce i za nogi, a ona wisiała w powietrzu. Wyszła zakrwawiona z tego. Wyszła cała zakrwawiona i potem mi zginęła z oczu. Ale jakoś przeżyła. Potem widziałem ją w Szwecji. Była już lekarzem, no i miała dwoje dzieci, zakochana. Jakoś to przeżyła.

Widocznie można przeżyć nawet to, co najgorsze.

Wisiała naga na oczach pięćdziesięciu czy stu osób, stłoczonych w tym samym pokoju. A ona w kąciku była gwałcona i wszyscy na to patrzyli, a ja stałem z daleka i też to widziałem.

Teraz mnie zapytasz, jak przyzwoity mężczyzna powinien się zachować w tej sytuacji. A on tak się zachował, jak mógł. Patrzył, widział i nic nie mógł zrobić. Oczywiście, trzeba było strzelać, tylko trzeba było mieć z czego.

Trzeba było jej bronić i tak dalej. Nikt tego nie robił.

Kiedyś znalazłem się na strychu tego budynku na Stawkach. Nie wiadomo, skąd się tam wziąłem, przeprowadzałem Zosię z jednego budynku do drugiego. Podeszła tam do mnie elegancka pani. W złożonych dłoniach trzymała dwie garście brylantów i innych kosztowności. Powiedziała do mnie: „Ja wam to wszystko oddaję, niech pan tylko zabierze moją córkę". Była z nią dziewczyna może szesnasto-, może siedemnastoletnia. To co mogłem zrobić? Przecież prowadziłem Zosię. No i wybrałem Zosię. Tym razem jeszcze wyszła z Umschlagplatzu, ale przecież i tak w końcu zginęła.

To był Umschlagplatz.

Stałem, patrzyłem, jak szły te tłumy. Ludzi pędzono ulicą Zamenhofa i kolumny wchodziły na Stawki niemal wprost do bramy Umschlagplatzu. Teraz zostały tylko nazwy, układ ulic jest zupełnie inny. Pamiętam, kiedy byłem w szkole powszechnej, esperantyści wywalczyli, że imieniem Zamenhofa nazwano fragment ulicy Dzikiej zaczynający się, jak obecnie, na tyłach pałacu Mostowskich przy Nowolipkach, ale biegnący lekkim skosem do Stawek. Za Stawkami ulica nosiła znów, tak jak dziś, starą nazwę, Dzika. Z kolei Muranowska biegła między Niską i Miłą od Zamenhofa przez plac Muranowski do Bonifraterskiej. Stały tam duże cztero-, pięciopiętrowe wielopodwórzowe kamienice. Wystawały ponad domami ulicy Niskiej i widać je było na Stawkach z bramy wiodącej na Umschlagplatz.

A na taborecie, pośrodku bramy wejściowej, stał esesman i strzelał. Strzelał w okna domu naprzeciwko, na Muranowskiej. Jak zobaczył głowę albo cień jakiś ruszający się, to strzelał w to okno. Bo stamtąd ludzie wypatrywali w pędzonym tłumie swoich bliskich. Czy tam ginęli ludzie? Trudno powiedzieć, ale to była ta atmosfera. Śmierci.

To był Umschlagplatz.

Jak się dało, trzeba było kogoś stamtąd wyciągnąć. Czasami się udawało, czasami nie...

Było wiadomo, że jak się tutaj wpadnie, to jeżeli się nie wydostaniesz przez okno szpitala, jeżeli nie masz w szpitalu rodziny albo znajomych, albo przyjaciół, to nie masz żadnych szans się uratować. Zdarzało się, że jak złapano jakieś pielęgniarki, to ich koleżanki prędziutko wyrzucały im przez okna mundury pielęgniarskie i one przez okna parteru wchodziły do szpitala, bo na terenie Umschlagplatzu był szpital, też skazany na zagładę. Tam teoretycznie jeszcze działało ambulatorium. W tym ambulatorium córki łamały matkom nogi i pogotowie wywoziło je jako chore. Ten absurd, który Niemcy wprowadzili, że jedzie się do pracy - bo nie zabiera się chorych ze złamaną nogą, a jeszcze chleb dawali na drogę - mamił ludzi. Niektórzy uważali, że faktycznie jadą do pracy. Większość jednak płakała. Trzeba było zobaczyć te twarze. Te dzieci prowadzone za rączkę.

A przecież raz zdarzył się wielki opór na Umschlagplatzu. Boruch Pelc, syn bundowskiego drukarza, wystąpił. Stanął w drzwiach wagonu i przemówił do ludzi. Musiał ich wzywać, żeby nie wsiadali. Oczywiście, zabili go od razu, ale jakiś opór był. I niektórzy ludzie wiedzieli, o co chodzi. Ale strach przed śmiercią był tak wielki, że się czekało do ostatniej chwili. Nikt nie chciał iść dobrowolnie na śmierć. A tutaj tyle ludzi się łudziło, że jedzie dobrowolnie do pracy, i za ten bochenek chleba - jechało do Treblinki.

Tak że nie ma co mówić, co to był Umschlagplatz. Było to zbiorowisko ludzi skazanych na śmierć.

Koniec. Kropka.

Jak wyglądał tłum prowadzony na Umschlagplatz? Różnie. Zależy, kto szedł. Byli ludzie, którzy szli dobrowolnie. Te silne chłopy z ulicy Krochmalnej, tragarze, rozbójnicy, bandyci, ci szli w zorganizowanej grupie - bo my sobie wszędzie poradzimy. A ludzie wyciągani na siłę z domów szli przeważnie, nie powiem, że z pochyloną głową, ale za rączkę dziecko trzymali i dbali o to dziecko, i uśmiechali się czasami, i córka dogoniła matkę, żeby z nią razem pójść, żeby matka nie była samotna.

I tak dalej, i tak dalej.

Tak że to trudno powiedzieć, jak ten tłum wyglądał. To zależało od tego, kto był w tym tłumie, kogo złapali. Na przykład w małym getcie mówiono, że jadą do pracy w Poniatowej. Ci byli inni, to byli fachowcy i byli jakoś bardziej raźni, bo myśleli, że ich praca jest coś warta i że są potrzebni. A ci, których wyłapywali z domów, byli zrezygnowani, szli przed siebie powoli.

Na ogół było cicho.

Tylko w pierwszych dniach akcji, kiedy wyłapano dzieci z ulicy albo dzieci z domów dziecka, dzieci, które były i tak głodne i skazane na śmierć w getcie, może wtedy było trochę płaczu. Te dzieci na wozach płakały, jak jechały na Umschlagplatz.

Ale tak, to szedł ten tłum w milczeniu. Czy z pochyloną głową, czy z podniesioną, ale w milczeniu.

Gdzie stałem? No, obok tej bramy, w której pośrodku stał esesman na taborecie, z boku, po tej stronie, która przylegała do budynku. Tam się można było oprzeć o taki murek, no nie o murek, o taką drewnianą belkę... Jest tam zresztą do dzisiejszego dnia. Opierałem się o nią lewym łokciem. Stałem tak długo, jak długo szedł ten tłum, i patrzyłem w Zamenhofa. To było po południu już. Szukałem znajomych, których można wyciągnąć. Łączniczki, które po kilka razy łapali. Wyciągałem je przez szpital. Przez okno wchodziły od tyłu do szpitala. Ta główna nasza łączniczka, Zosia, to trzy czy cztery razy była wyciągana, ale w końcu i tak zginęła...

Już, dosyć. No, już. Dosyć.

Rok 1943.
18, 19, 20 kwietnia. 6, 7, 8, 10 maja

To, co chcę opowiedzieć, to nie jest prawda historyczna. To jest relacja ze zdarzeń, w których uczestniczyłem, oraz to, co wtedy ze skąpych wiadomości do mnie docierało. Ale ta wiedza wpływała na moją ocenę sytuacji i na moje ówczesne myślenie. Do teraz trzymałem to w brzuchu. Nie poważali nas, ani wtedy, ani potem. I tak jak wtedy, przez całe te sześćdziesiąt lat, pozostawaliśmy na politycznym marginesie. Non omnis moriar. Czy dziś wolno widzieć sprawy tak, jak się je wtedy widziało? Czy trzeba myśleć po nowemu? Czy trzeba przepuszczać wspomnienie przez filtr dzisiejszej wiedzy? Podobno, kiedy proszono Cyrankiewicza, a był już chory, żeby opisał swoją wersję współpracy z bolszewikami, odmówił. Powiedział: - Nigdy. I nie zostawił nam żadnego słowa ani o tym, czego dokonał w obozie w Oświęcimiu, ani o swojej pracy dla Polski Ludowej. Może to jest słuszne. Może trzeba milczeć. A jednak chcę mówić, chociaż o większości spraw mogłem wiedzieć tylko ze słyszenia, bo żyłem na marginesie, nie miałem innych, lepszych kontaktów. Może z wiekiem bardziej mi dokucza milczenie? Ale dosyć tych wzdychów.

18 kwietnia

Tego popołudnia mieliśmy umówione posiedzenie komendy ŻOB. Wczoraj Antek wyszedł z getta jako nasz nowy przedstawiciel i łącznik z Komendą AK, a praktycznie jako łącznik ŻOB z Henrykiem Wolińskim, przedstawicielem rządu. Po tym jak kilka tygodni temu Jurek Wilner wpadł w łapance ulicznej i został wywieziony do obozu pracy oddalonego zaledwie o kilka kilometrów od Warszawy, dowództwo AK zerwało z nami kontakty. Podobno był taki przepis, że jeśli w organizacji ktoś został aresztowany, to przez sześć tygodni nie utrzymuje się z nią kontaktu. Nie wiedzieliśmy o tym i po wpadce Jurka wyznaczyliśmy Zygmunta Frydrycha na naszego następnego przedstawiciela, a po nim, kiedy nie zdołał nawiązać kontaktu z Wolińskim, Michała Klepfisza.

Dotychczas kontakt był bardzo prosty. Co środę przedstawiciele spotykali się przed Politechniką na rogu Lwowskiej. To był bardzo dla nas ważny kontakt. Od styczniowego transportu broni - AK przyznało nam wtedy 50 pistoletów parabellum i 50 kg prochu - nie dostaliśmy od nich nic. Michał wprawdzie zorganizował fabryczkę ręcznych granatów, które robiliśmy z pociętych na kawałki rur, w których zapalnikiem był wystający z jednego końca sznurek, ale była to broń o małej skuteczności. Wybuchała za późno i miała bardzo mało odłamków.

Mieliśmy pretensje do generała „Grota", bo przez trzy miesiące nie odpowiadał na żadne nasze monity. Uważaliśmy, że jest do nas bardzo nieprzychylnie nastawiony. Rozumieliśmy więc, że troska o bezpieczeństwo była tylko pozorem, sposobem, do jakiego uciekł się generał, żeby zerwać z nami kontakt. Zwróciliśmy się wtedy listem do Leona Fajnera, żeby interweniował u władz cywilnych o przywrócenie kontaktu z nami. Była to droga trudna i okrężna. Przekonywaliśmy ich, że od czasu powstania ŻOB nie mieliśmy ani jednej wpadki i wszyscy nasi łącznicy byli bezpieczni. Po jakimś czasie przyszła odpowiedź, że w AK obowiązują takie właśnie zasady.

Popołudnie 18 kwietnia było piękne i słoneczne. Posiedzenie Komendy miało się odbywać w mieszkaniu Anielewicza na Nalewkach. W getcie panował tego dnia szalony ruch z powodu święta Pesach. A do tego w południe zaczęły się rozchodzić po getcie wiadomości, jakoby nazajutrz miała się rozpocząć akcja wysiedleńcza. To miała być wiadomość zza muru i miała ją potwierdzić Wiera Gran, która zadzwoniła z aryjskiej strony. Przyszedłem na Nalewki na posiedzenie Komendy. I wszystko jakoś odbyło się nieformalnie. Była Celina, był Geller, którego Anielewicz wezwał z terenu Schultza po otrzymaniu wiadomości o mającej się rozpocząć nazajutrz akcji. Była też Mira Fuchter. Staliśmy wszyscy w dużym pokoju wokół dużego okrągłego stołu i nagle Celina zapytała: „No dobrze, jeśli jutro będzie akcja, to kto z nas przeżyje?". I zwróciła się do mnie: „Marek, ty na pewno wiesz...". A ja, głupi, palcem pokazałem: „Ty tak, ty tak, ty nie, ty nie...".

A w ogóle w Komendzie sytuacja była bardzo napięta, bo Komisja Koordynacyjna po tym, jak Anielewicz zastrzelił na Miłej werkschutza i odebrał mu broń, a Niemcy w akcji odwetowej tego samego dnia, na Miłej, między Zamenhofa a placem Muranowskim, zabili dwieście kilkadziesiąt osób, zażądała ode mnie, żebym postawił na zebraniu votum nieufności dla niego i żebyśmy zmienili komendanta ŻOB. Wiedziałem, że to jest niemożliwe, i czekałem, jak się sytuacja rozwinie. To nie było możliwe, bo już samo postawienie takiego wniosku doprowadziłoby do rozłamu w ŻOB. Ale w tej napiętej atmosferze na szczęście w ogóle nie było o tym mowy.

Jurek Wilner był już w getcie. Wykupił go kolega z Górnośląskiej. Jak on się nazywał?* Heniek Grabowski. Wykupił Jurka, a potem, żeby Jurek trochę wydobrzał, zanim wróci do getta, wziął go do siebie i przez kilka dni się nim opiekował. Jurek nie mógł chodzić. Miał zbite do kości pięty, wprost czarne od bicia. Ale nikogo nie wydał.

Tego dnia był pierwszy seder. Mówili, że rabin na ulicy Mejzelsa (dawniej Kupieckiej) wyszykował wytworny świąteczny stół nakryty elegancką zastawą i pięknymi białymi obrusami, a gdy rozeszła się wiadomość, że nazajutrz będzie akcja, wszystko przeniósł do schronu. Wszystko, z całą zastawą i obrusami. I tam się odbył uroczysty seder. Tak opowiadali i to weszło do legendy getta, ale czy to prawda - nie wiadomo. Bo nikt z nas tego nie widział.

* Zadzwoń do Kazika, on będzie pamiętał. Bo Kazik - nie wiem, jak do niego trafił - był z nim potem w kontakcie. I przez całe życie był mu przyjacielem, ciężko choremu kupił za własne pieniądze sztuczną nerkę, z którą ten kolega mógł żyć rok albo półtora dłużej, niż mu było pisane.

Zebranie Komendy się skończyło i rozeszliśmy się, każdy na swoją placówkę. Zostałem sam. Nie było łączności z gettem centralnym ani z Többensem i Schultzem. U mnie byli Michał Klepfisz i Zygmunt Frydrych. Zygmunt przyniósł broń, a Michał pięćdziesięciokilogramową paczkę prochu i przepis na przyspieszone przygotowanie tak zwanych koktajli Mołotowa. Minęła północ. Położyłem się spać na stole rozłożonym pośrodku pokoju. Obok, trochę niżej, ułożyła się Ruta Błones. Czułem jej głowę nieco poniżej piersi. Pulchna, ciepła dziewczyna. A trochę za nią spał Janek Bilak. Leżeliśmy, ale nie wiem, czy ktoś spał tej nocy. Adam Sznajdmil stał nad nami, opierając się o stół, a gumowa policyjna pałka, którą trzymał w ręku, uginała się, podczas gdy on nie przestawał powtarzać: „Niemożliwe, żeby to już był koniec". Nie wiem, czy komuś udało się zasnąć.

Nastał świt. Zawołał mnie Zygmunt, który noc spędził na kozetce. Podszedłem do niego. Powiedział, że jest pewien, że nie przeżyje tego, co ma nastąpić, i dlatego prosi, żebym, kiedy będzie po wszystkim, zajął się jego pięcioletnią córką, którą ulokował w klasztorze we wschodniej Polsce. Powiedziałem to, co zwykle się mówi w takich okolicznościach: „Głupstwa pleciesz".

Niedługo potem, koło szóstej nad ranem, usłyszeliśmy pierwsze strzały z getta centralnego. Rozpoznawaliśmy wybuchy granatów - ten wybuch nasz, ten ich, ten nasz, ten ich. Potem dowiedziałem się, że to były odgłosy walki toczącej się u zbiegu Zamenhofa i Miłej. Atakowaliśmy z czterech stron. To trwało. Nagle dobiegł nas sygnał karetki pogotowia, a potem zapadła cisza. U nas, na naszym terenie, wciąż panował spokój. Więc siedzieliśmy w kącie pokoju i rozmawialiśmy. O tym, jakie to przykre, że AK nam nie ufa, i zostaliśmy tu samotni, odcięci od świata. A przecież staraliśmy się na wszystkie sposoby złapać kontakt z Komendą Główną AK. Próbowaliśmy nawet przez Tosię Goliborską dotrzeć wprost do Wolińskiego. Pamiętam takie spotkanie z Wolińskim u Tosi na Promyka. Siedzieliśmy po ciemku, a Woliński rozkładał bezradnie ręce i mówił: „Ja nic wam nie mogę pomóc".

A co się potem okazało? Że u nas kapusiów nie było. Myśmy byli kolegami od dziecka i znaliśmy się dobrze. Wszyscy byliśmy siebie pewni, wiedzieliśmy, że jeden drugiego nie wyda. A jaka jest historia generała „Grota?". Wydał go jego towarzysz walki z wojny 1920 roku, we współpracy z zaufanymi ludźmi wywiadu AK. Widocznie „Grot" i jego środowisko nie znali się na ludziach. Bo to nie była jedyna ich wsypa. Zdrajców w AK długo darzono zaufaniem. Zdołali wydać Niemcom kilkaset osób, zanim stracili zaufanie swoich dowódców. A my nie byliśmy godni zaufania, chociaż nasi ludzie, nasi przyjaciele nigdy nikogo nie wydali. Czy mogliśmy do niego mieć sympatię? Ślepo stosowane zasady nie zmuszą do uczciwości. Trzeba też uwzględnić charakter człowieka, okoliczności i znajomości. Bardzo staraliśmy się o ten kontakt z AK. Jeszcze tego samego przedpołudnia, 18 kwietnia, rozmawialiśmy przez telefon z Leonem Feinerem. Mieliśmy nadzieję, że przez Zarembę (i władze WRN) uda mu się spowodować, że generał zmieni do nas stosunek. Nie udało się. Nikt z nami nie nawiązał kontaktu. No to mogliśmy, tak o tym rozmawiając, ciepło mówić o generale „Grocie", kochać go? To kto miał bardziej zaufanych ludzi? My, ŻOB czy oni? A dla nas, zamkniętych za murami, brak kontaktu był nieszczęściem. A jednak przykro mi i żal, że generała zabili i że tak do tego doszło.

Przykro mi wspominać o tych kapusiach, bo ich było więcej. Ale przecież, kiedy agenci z Miecza i Pługa, organizacji na usługach gestapo i wywiadu sowieckiego, szukali kontaktów wśród Żydów, to jednak przysłali człowieka nie do nas, ale do żydowskich rewizjonistów z organizacji Żabotyńskiego.

Kończy się noc z 18 na 19 kwietnia. W getcie trwa ostateczna akcja likwidacyjna.

19 kwietnia

Przed południem, o godzinie dziesiątej, Stroop obejmuje dowództwo. Jest nowe natarcie na getto.

Dzień wstał śliczny, pogodny, ale nie upalny. Jest nawet chłodno. Na naszym terenie, szopu szczotkarzy przy Świętojerskiej, jest około dziesięciu werkschutzów. Siedzą w swojej wartowni na parterze. Zaglądamy tam przez okno. Na ścianach wiszą automatyczne karabiny. A oni siedzą w porozpinanych wojskowych bluzach i popijają herbatę. Można by przez okno wrzucić granat i bezbronnych wziąć do niewoli albo rozstrzelać. Byłoby dużo broni. Nie byli to ludzie, którzy nam zrobili coś złego. Nie decydujemy się na to. Mądrze czy głupio, nigdy się nie dowiemy. Idziemy dalej. Jest chłodno, jestem w sakpalcie. W kieszeni mam nieprzestrzelany rewolwer. Na ostatnim, trzecim, podwórku domu przy Świętojerskiej spotykamy kolejnych dwóch werkschutzów. Idziemy za nimi. Można ich bez trudu zastrzelić i zabrać broń. Tak, mam w kieszeni rewolwer, ale przecież nigdy z niego nie strzelałem, w ogóle nie strzelałem, nie umiałem jeszcze strzelać. Wyobrażałem sobie, że mogę, nie wyjmując rewolweru z kieszeni palta, zwyczajnie do nich strzelić. Ale wtedy oni się odwrócili do nas i z uśmiechem powiedzieli: „Zobaczcie, tam się biją, a u nas jest spokój". Słowa czasem bardziej rozbrajają niż odebranie broni. Poszliśmy z nimi, niczego się niespodziewającymi, do końca podwórka i pozwoliliśmy im odejść wolno.

A tymczasem z getta centralnego znów słychać strzały i wybuchy. To nasze, to ich... I tak to trwało do zmierzchu. Noc spędziliśmy w naszym miejscu postoju.

20 kwietnia

I ten dzień wstał piękny i słoneczny. Wciąż panował spokój. Cisza. Chyba nawet wszyscy przespali dobrze tę noc, bo nie pamiętam niczego szczególnego.

Godzina pierwsza po południu. Zjawia się łącznik z grupy Gutmana, która jest zakwaterowana na Świętojerskiej, tuż przy bramie od Wałowej.

Również u nich jest ulokowana wtyczka od miny, założonej przed bramą przez Klepfisza. Liczący około stu osób oddział niemiecki staje tuż przed bramą, ale nikt mu bramy nie otwiera. I wtedy Gutman odsuwa dwóch wartowników stojących na czatach i włącza wtyczkę od miny. Następuje potężny wybuch. Razem z wybuchem z rozerwanej rury tryska fontanna wody. Woda zalewa całą ulicę. Karetki pogotowia na sygnale odwożą rannych Niemców. Idziemy tam wszyscy. Sądzimy, że tutaj odbędzie się konfrontacja. Ale Niemcy uzbrojeni w białe kokardy proszą o zawieszenie broni. Mieliśmy jeden zaledwie karabin i tylko jeden z nas umiał z niego strzelać. To Zygmunt Frydrych, który już był po wojsku. Idziemy dalej. Zygmunt strzela do białych kokard.

Idziemy dalej. Na strychu ginie Michał Klepfisz. Przedzieramy się, wciąż jesteśmy wszyscy razem. Niemcy jednak sforsowali bramę. Rzucamy w stronę Niemców butelki zapalające. Często sięgają celu i widzimy, jak płomienie ogarniają trafionych. To trwa jakiś czas, aż Niemcy się wycofują. Zapada zmrok. My też szukamy schronienia. Z Ogrodu Krasińskich, z Bonifraterskiej niemieckie miotacze ognia podpalają nasz teren. Ale o tym jeszcze nie wiemy.

Już byliśmy razem z ludnością cywilną w wielkim zamaskowanym schronie na Świętojerskiej 34. Kilkaset bezbronnych osób i nasza trzydziestoosobowa grupa. Była wśród nas grupa z Hanoar Hacyjoni, z prawicowej mieszczańskiej formacji syjonistycznej. I wtedy, w popłochu, wpadają do naszej piwnicy, krzycząc, dwaj wysocy, postawni chłopcy z tej grupy: „Palimy się, wszystko się pali!" - wrzeszczą przeraźliwie, histerycznie. Ich przerażenie jest zaraźliwe. Jak powstrzymać panikę? Przewyższają mnie o głowę. Ale i tak obaj dostają po pysku. Nie przestają krzyczeć, więc wypychamy ich z piwnicy.

Stało się to, co przepowiedział Antek. To nie my podpaliliśmy getto, ale nas podpalają. Ogień jest blisko. Słychać już, jak nad nami spadają belki z palących się stropów. Szybka decyzja o ewakuacji. Jedyna możliwa droga - do getta centralnego. Wychodzimy na podwórko. Wtedy podchodzi do mnie Pnina, podaje ciepłą rękę: „Ja się boję, ja nigdzie nie pójdę". „Nie bój się - mówię - pójdziesz ze mną. Będziesz koło mnie, będę cię trzymał za rękę". I tak się stało. Jesteśmy w komplecie. Zbliżamy się do miejsca, gdzie w murze jest dziura. Można tędy przejść do getta centralnego. Ale mur jest w tym miejscu jasno oświetlony przez reflektor i pod

Rok 1943

ostrzałem armatki ustawionej przez Niemców na Bonifraterskiej (to ta, którą widać na zdjęciach). Zygmunt, nasz strzelec wyborowy, bo jedyny, jednym strzałem gasi reflektor. Już prawie wszyscy przeszli, wyskakują na ulicę i przez wielką dziurę w płocie przechodzą na stronę getta centralnego. Jesteśmy ostatni, z Zygmuntem i z Pniną, stoimy w bramie i patrzymy, jak za murem znikają kolejne osoby. Jeszcze dziś czuję ciepłą rękę Pniny w swojej dłoni.

Dwaj chłopcy, którzy zawiadomili o pożarze, podchodzą do nas i mówią, że z nami nie pójdą, że mają dobry schron, w którym będą bezpieczni. Pamiętam, z jaką ulgą to przyjąłem. Wszyscy już przeszli, teraz nasza kolej, czekamy na odpowiedni moment. Jest chwila spokoju i naszej trójce udaje się przeskoczyć przez dziurę. Za murem wszyscy na nas czekają. Wcale nie wiem, dokąd iść. Ale skądś wiedzieliśmy, że Anielewicz ulokował się na Miłej 18. Idziemy tam. Docieramy do rogu Franciszkańskiej i Nalewek i tam, na podwórku Franciszkańskiej 30, niespodziewanie spotykamy Abraszę Bluma. Jest sam. „Marek, co mam teraz robić?" - zwraca się do mnie. Zrozumiałem, że teraz to ja o wszystkim decyduję. A nie miałem żadnych decyzji. Samą odpowiedzialność. Schodzimy do jakiejś piwnicy. Zasypiamy.

Idąc do getta centralnego, chcieliśmy zabrać Rutę Perenson z pięcioletnim synkiem i jej chorą matkę, ale matka nie mogła chodzić, a Ruta nie chciała jej opuścić. Powiedziała nam, że po drugiej stronie Wałowej ma schron, w którym będzie bezpieczna. Nazajutrz Adam postanowił przeprawić się do tego schronu i jednak sprowadzić Rutę do nas. Wyjrzeliśmy przez okno, z którego widać było Wałową, i zobaczyliśmy, że dom, pod którym był schron, już nie istnieje. Góra gruzu całkowicie zasypała schron. Zginęła tam grupa Hanoar Hacyjoni a z nimi Ruta z rodziną.

21 kwietnia

Rano nasze czujki wypatrzyły Niemców. Z całą satysfakcją obserwowaliśmy, jak się skradają pod murem, jak się przemieszczają skokami, w dużych odstępach, jak się kryją. Bali się nas!

6 maja

Dostaliśmy kontakt z aryjską stroną. Okazało się, że na Okopowej był podkop, którego używali handlujący z aryjską stroną piekarze żydowscy. Do getta szła podkopem mąka, a z powrotem wypiekany w getcie chleb. Więc dostaliśmy list: „Nawiążemy kontakt od strony ulicy Okopowej jutro w nocy". Wysłaliśmy czujkę. Czekali do rana, ale zza murów nikt się nie zjawił. Mejlacha Perelmana, który był w czujce, postrzelono w brzuch, kiedy się stamtąd wycofywali. Doczołgał się do Miłej 18, gdzie został już do końca. Spalił się żywcem razem z kamienicą, a jego krzyk było długo słychać. Masza mówiła, że ciągle go słyszy.

7 maja

Następna noc - Anielewicz, Mira Fuchter i Celina przyszli do nas na Franciszkańską. Byli całą dobę. Wieczorem Anielewicz z Mirą wrócili na Miłą, a Celina została z nami. Słuchała się mnie.

8 maja

Do wieczora nikt z Miłej się u nas nie zjawił, więc koło północy w piątkę poszliśmy do nich. Pamiętam, że poszła ze mną Celina i Janek Bilak. Było ciemno. Po drodze nagle poczuliśmy, że nie ma z nami Celiny. Wpadła do piwnicy, kiedy załamała się pod nią spalona belka. Trzeba ją było wyciągnąć. Na Miłej panowała zupełna cisza, wszystko sprawiało dziwne wrażenie. Kilkakrotnie powtarzaliśmy hasło (Jan), ale nie usłyszeliśmy odzewu (Warszawa). Nagle spod jakichś drzwi wyłoniło się kilkanaście osób. Od nich dopiero dowiedzieliśmy się o samobójstwie, do którego wezwał Jurek Wilner, bo rzekomo nie było wyjścia z okrążonego schronu. Jednak ta czternastka wyjście znalazła i teraz opowiadali nam szczegółowo, kto kogo w jakim momencie zabił i kto kiedy sam się zastrzelił.

Co było dalej, opowiadałem już wiele razy. I o tym, jak nieoczekiwanie znalazł się Kazik, którego wcześniej wysłałem na aryjską stronę i który znalazł dla nas drogę wyjścia.

10 maja

Przyjeżdżamy rano do Łomianek. W biały dzień przejechaliśmy przez całą Warszawę na odkrytej pace ciężarówki. W małym lasku spotkaliśmy grupę, około czterdziestu osób, która wcześniej wyszła z terenu Schultza i Többensa. Jest nas razem mniej więcej siedemdziesiątka. Lasek jest młody, rzadki, niski, miejsce bardzo niebezpieczne. Po południu przyjeżdżają z Warszawy Celemeński i Antek. Mówię Celemeńskiemu, że muszą natychmiast nawiązać kontakt z AK i zabrać stąd ludzi w bezpieczniejsze miejsce. Krzyczę na niego, że ma się spieszyć, natychmiast wracać do Warszawy. Celemeński przekazuje moje żądanie, ale mówi Feinerowi, że „Marek jest załamany". Nad ranem Celemeński wraca do nas z zapisaną przez „Grota" bibułką: „Idźcie pod Wyszków, tam czekają na was nasze oddziały". Jeszcze z samego rana Kajszczak przyniósł chleb i siedemdziesiąt osób ruszyło do Wyszkowa. Gdy tylko przeprawili się przez Bug, zginęła w niewyjaśniony sposób dziesięcioosobowa grupa Merdka Growasa.

Ja i Celina wróciliśmy do Warszawy. A nasza partyzantka pod Wyszkowem utrzymywała się tam przez blisko rok. Potem resztki, którym udało się przetrwać, wróciły do Warszawy.

Losy tych, co wrócili z lasu do Warszawy, były bardzo różne. Część z nich zginęła, walcząc w powstaniu warszawskim, niektórych zabili powstańcy. Kilkoro przeżyło powstanie i bardzo szybko wyjechali nielegalnie do Szwecji i do strefy amerykańskiej w Niemczech.

Strzępy pamięci

Powstanie warszawskie opisano po wielekroć, z każdej strony, i nie miałbym nic do dodania, gdyby nie to, że jako jego żołnierz byłem w szczególnej, innej niż większość powstańców sytuacji. Miałem powstańczy mundur z biało-czerwoną opaską na ramieniu i broń, ale to moja żydowska twarz wyznaczała stosunek do mnie ludzi, z którymi się stykałem. Dobry i zły. Przyjazny i nieprzyjazny. To, co napisałem, może jest bez ładu i składu, ale to są tylko strzępy mojej pamięci.

1 sierpnia 1944

Mieszkaliśmy wtedy z Antkiem i Celiną na Lesznie, w kamienicy sąsiadującej z kościołem ewangelickim. To było jedno z dwóch mieszkań na drugim piętrze w drugiej oficynie. Miało fachowo przez murarza wybudowaną w jednym z pokoi dodatkową ścianę, za którą w ten sposób powstała skrytka. Mieszkanie kryła Marysia Sawicka, która wraz ze swoją ciotką,

Anną Wąchalską, uczestniczyła w organizowaniu naszego życia po aryjskiej stronie. Kryła mieszkanie, to znaczy wynajmowała je na swoje nazwisko, no i przychodziła tam do nas, donosząc jedzenie i wiadomości. Tego dnia zjawiła się wczesnym popołudniem i powiedziała, że na rogu Żelaznej i Twardej za darmo rozdawali „Biuletyn Informacyjny". Słyszała, że wydrukowano 50 tysięcy egzemplarzy, ale wszystko wcześniej rozdali i dla niej już nie starczyło. Na Wolskiej widziała niemieckie furmanki załadowane meblami, tobołami, rannymi żołnierzami jadące w kierunku Łowicza. Nastrój w mieście jest dziwny, wszyscy są rozradowani. Chociaż plotka mówiła, że zostały odwołane kolejne mobilizacje, i teoretycznie nikt z nas nie wiedział, że dziś ma się zacząć powstanie, w mieście czuło się podniecenie.

I nagle, koło piątej, usłyszeliśmy na schodach tupot wielu nóg. Wyjrzeliśmy przez szparkę w drzwiach i zobaczyliśmy, jak od sąsiadki z naszego piętra jeden za drugim wychodzą młodzi uzbrojeni ludzie. Tę sąsiadkę przez cały czas uważaliśmy za niepewną, a nawet obawialiśmy się jej, sądząc, że nas obserwuje, bo zawsze, kiedy u nas otwierały się drzwi, wyglądała na schody. Tymczasem, mając w domu arsenał, nie mogła nikogo być pewna, i niewątpliwie dlatego tak podejrzliwie nas lustrowała. Młodzi ludzie zeszli na podwórko, a my mogliśmy zobaczyć, jak się tam gromadzą i zakładają na rękawy biało-czerwone opaski. Nie widzieliśmy, jak wychodzą na ulicę, ani co się tam dzieje, bo byliśmy przecież w oficynie. Jednak po niedługim czasie z daleka dobiegły nas strzały. Najpierw pojedyncze, a potem coraz gęstsze. A zatem powstanie! Siedzieliśmy w mieszkaniu bez żadnych wiadomości. Przez cały czas dręczyło nas pytanie - wyjść czy nie wychodzić?

W takiej niepewności minęły nam ze dwie godziny. Nagle, koło siódmej, usłyszeliśmy pukanie do drzwi umówionym znakiem. Otworzyliśmy. W drzwiach stał Aleksander Kamiński. Przyniósł wiadomość: Jurek Grazberg, działacz harcerski, jego stały współpracownik jeszcze sprzed wojny, z którym teraz redagował „Biuletyn Informacyjny", nie żyje. Dla nas od tego się zaczęło powstanie. Stało się to w pierwszych jego chwilach. Grazberg ukrywał się, tak jak my. Mieszkał na Pańskiej w zakonspirowanym mieszkaniu. Kamiński przychodził tam regularnie raz w tygodniu po zredagowane przez Jurka wiadomości z kraju. Na wieść o wybuchu powstania Jurek wziął broń i wyszedł z mieszkania, żeby się przyłączyć. Zaledwie zszedł na dół, zatrzymał go oddział powstańczy. Rozstrzelali go natychmiast jako Żyda, który - skoro ma broń - musi być prowokatorem. Dosłownie minuty po tym zjawił się tam Kamiński, który przyszedł po Jurka, ale na podwórku znalazł tylko trupa. A po oddziale, który zajmował ten dom, nie było już śladu.

Kamiński, ledwie przekroczył próg naszego mieszkania, przestrzegł nas: „Musicie znaleźć oddział, który was zechce, nie możecie iść do pierwszego lepszego, a tylko tam, gdzie zapewnią wam bezpieczeństwo". Powiedział to i wyszedł.

Zobaczyłem go znów dopiero w 1945 roku w Łodzi, na seminarium babci Radlińskiej. Helena Radlińska była znanym i poważanym socjologiem i pedagogiem, a raczej społecznym pedagogiem, przed wojną organizatorką Wolnej Wszechnicy. Teraz była bardzo chora. Seminarium, na które przychodzili studenci nie tylko socjologii, ale ze wszystkich niemal wydziałów uniwersytetu, wśród nich i ja, prowadziła w swoim mieszkaniu w starej łódzkiej kamienicy, leżąc w łóżku ustawionym w wielkim pokoju. To był mroźny zimowy dzień, przyszedłem wcześnie, więc mogłem wybrać lepsze miejsce; stałem oparty o ciepły piec. Przyszedł Kamiński, stanął obok mnie pod piecem, rzucił na mnie okiem, ale jakby mnie nie poznał, a w każdym razie się nie odkłonił. Potem się dowiedziałem, że jest u Radlińskiej adiunktem. Był już wtedy autorem powszechnie i z zachwytem przez nas czytanych *Kamieni na szaniec*. Więcej nigdy nie miałem z nim kontaktu, chociaż mieszkał w Łodzi. Kiedyś, już za czasów KOR, będąc u doktora Józefa Rybickiego, zapytałem go, dlaczego Kamiński nie przystąpił do KOR. Wtedy pan doktor wstał powoli z fotela, podszedł do łóżka, na którym było rozłożone całe jego archiwum, i ze sterty papierów wyjął gęsto zapisaną kartkę: „Ja go zaprosiłem i tu jest odpowiedź. Sam pan rozumie, że odpowiedź musi być odmowna, skoro jest taka długa". Zapytałem, czy mogę ją przeczytać. „Nie, bo to jest nasza prywatna korespondencja". Swoją drogą, ciekawe musi być całe to łóżkowe archiwum.

Zatem Kamiński udzielił nam rady i wyszedł. A my dalej się głowiliśmy, co robić. Nie mieliśmy żadnego takiego oddziału. Na dodatek główna łączniczka między Kamińskim a nami, Zielona Marysia, nie przyszła. Dowiedzieliśmy się potem, że wysłał ją pod Warszawę z jakimś zleceniem, a kiedy wybuchło powstanie, nie mogła się już dostać do miasta. Ale to się okazało o wiele później.

Zostaliśmy wszyscy w domu. A jednak, gdzieś koło ósmej, już zapadał zmierzch, poszedłem na róg Żelaznej i Grzybowskiej do Bronka Szpigla i Haliny Bełchatowskiej, którzy wrócili niedawno z lasu i mieszkali u Świętochowskiego. Ściemniło się. Przegadaliśmy całą noc. Oni o lesie, o tym, dlaczego trzeba się było z lasu wynosić, jak się wydostali z okrążenia. Byli jeszcze bardzo napięci. Halina bardziej przytomna, rzeczowa: „No, nareszcie będziemy żyli".

Rano wróciłem na Leszno. Antek z Celiną i Stasia wciąż tam byli. I wciąż nie było wiadomo, co robić. Ani dokąd pójść. Chyba koło godziny dziesiątej przyleciał Kaziutka. Podobno noc spędził w Sądach na Lesznie. Ten powiślak zawsze i wszędzie musiał się wkręcić i wszystko musiał wiedzieć. Co tam robił - nie wiadomo. Potem, też nie wiadomo po co, poszedł na Stare Miasto. Na Długiej, przed kościołem garnizonowym znalazł jakiś papierek, który, kiedy go obejrzał, okazał się kartką wyrzuconą przez naszego kolegę. Pisze Julek Rutkowski, czyli Fiszgrund, syn Salo Fiszgrunda, że został zatrzymany przez staromiejską żandarmerię i że jest w ich areszcie. Kazik się zakręcił, zakręcił i tam też trafił. Jakiś major przesłuchiwał Julka na okoliczność, że jest żydowskim szpiegiem i dywersantem, bo nielegalnie posiada broń. Na godzinę dwunastą wyznaczono sąd polowy. Kazik dotarł do majora i zaczął mu tłumaczyć, kim jest Julek. Nie wiadomo, co za bajki naopowiadał o Julku i jego zasługach, przedstawiając go jako wielkiego wodza podziemia. A że umiał barwnie opowiadać, więc w końcu Julka wypuścili. Ten zaś, wychodząc z aresztu, spotkał swojego szkolnego kolegę, który był w oddziale batalionu Czwartaków AL i już tam został. I w ten oto sposób Julek został komunistą.

Kiedy Antek usłyszał, że są gdzieś komuniści, zaczął szukać swoich znajomości, bo przecież cały czas prowadził podwójną grę i utrzymywał kontakty i z komunistami, i z AK. W końcu odnalazł na Podwalu kogoś z dowództwa AL na Starym Mieście. O ile się nie mylę, spotkał Kowalską. Wieczorem wrócił pełen animuszu, że znalazł oddział, który nas chce i zagwarantuje nam bezpieczeństwo. Nazajutrz miały się odbyć rozmowy o utworzeniu grupy bojowej ŻOB. Ale przy mnie miał zasznurowane usta, że to komuniści. Z samego rana Antek wybiegł prowadzić swoje pertraktacje. Wrócił tajemniczy, że wszystko będzie, będzie, będzie. Ale na razie tylko dym. Za to Kazik sprowadził do nas swoją panienkę, a że oboje byli niespokojne duchy, stale gdzieś latali, ale nigdy nie było wiadomo dokąd.

Nadszedł trzeci dzień powstania, a tu ciągle dym. Do Śródmieścia nie można się przedostać. Z nikim ze znajomych nie miałem kontaktu. A na dwa dni przed powstaniem nasza łączniczka, oczywiście z Kazikiem, odebrała z ulicy Frascati pierwszą przesyłkę dla ruchu syjonistycznego. To było czterdzieści tysięcy dolarów, sztabka złota i jeszcze coś. Chyba pierwszy raz w życiu zobaczyli naraz tyle pieniędzy, więc zamiast zacząć robić z nich użytek, zrobili w naszej skrytce na Lesznie jeszcze jedną skrytkę i tam wszystko schowali.

Antek swoje pertraktacje z, jak się w końcu dowiedziałem, komunistami prowadził do szóstego dnia powstania. W końcu uchwalił z nimi, że przy AL powstanie grupa bojowa ŻOB. Uzbierało się nas kilkanaście osób: nasza czwórka, do tego Kazik ze swoją dziewczyną, znalazły się jeszcze jakieś nasze łączniczki ze Śródmieścia, które tu zastało powstanie. Była z nami również Marysia Sawicka.

Siódmego sierpnia rano wyruszyliśmy. Dowództwo AL ulokowało się na Podwalu, na skos za kościołem garnizonowym na Długiej. Kiedy się tam stawiliśmy, przydzielono nas do drugiego plutonu trzeciej kompanii - albo może odwrotnie? - który stacjonował na Świętojerskiej, w piwnicy posesji, do której można było dojść podwórkami od Długiej. Dowódcą był Witek tramwajarz, czarujący chłop. Po południu Antek i Celina skapowali się, że wszystkie pieniądze zostawili w skrytce na Lesznie. A barykada powstańcza była na rogu Przejazdu i Leszna, patrząc od nas, za Pasażem Simonsa. Nasze mieszkanie na Lesznie znalazło się już po niemieckiej stronie. Nie wiem, jak Antek namówił Kazika, żeby zgodził się pójść po te pieniądze. Zabrał ze sobą swoją dziewczynę, Marysię Sawicką, Stasię i jeszcze dwie, trzy osoby.

Kawałek Leszna z naszym mieszkaniem był w rękach niemieckich, ale posterunki były jeszcze rzadkie i dotarcie tam było możliwe. Poszli. Ale mijały godziny, a oni nie wracali. Kaziutka się zapodział. Zrobiła się ciemna noc, zacząłem się niepokoić. Ale i ja miałem swoje chody. Przez Jasia Strzeleckiego wyrobiłem sobie przepustkę na przejście na niemiecką stronę. Zgłosiłem się do dowódcy placówki na rogu Leszna i Przejazdu, pokazałem przepustkę, przepuścili mnie bez trudności.

Znalazłem się na Lesznie po parzystej stronie i szybko zmierzałem do naszego mieszkania. Okazało się jednak, że w kościele i na jego dziedzińcu stali już Niemcy. Zobaczyli mnie i zaczęli strzelać. Wskoczyłem do bramy, chyba pod dwunastym. Wszystkie domy aż do Przejazdu były już podpalone. Co się wychyliłem, Niemcy do mnie strzelali. Aż się wziąłem na swój wypróbowany sposób. Odczekałem na moment, kiedy zapał Niemców na chwilę osłabł, i przeskoczyłem do następnej bramy. Stamtąd piwnicami pełnymi ludności cywilnej i pod jej niechętnym wzrokiem, że przez powstańców ma taki ciężki los, dotarłem na powrót do placówki na rogu Przejazdu. Tam zatrzymał mnie powstańczy patrol. Spojrzeli na moją przepustkę i powiedzieli: „A to co, Żyd? Dawaj pod ścianę, bo to musi być szpieg". Było ich czterech na mnie jednego. „Ręce do góry, podpaliłeś Leszno, ty Żydzie wstrętny!". Ale idioci nawet mnie nie zrewidowali i nie wiedzieli, że mam broń. Ich doświadczenie w zabijaniu Żydów musiało być niewielkie, myślę, że to byli jacyś gówniarze. Zacząłem się z nimi szarpać. Wszystko to się działo pod drzwiami, za którymi spał ich dowódca, ten sam, który mnie wypuszczał na niemiecką stronę. Sięgnąłem do tych drzwi nogą i zacząłem w nie kopać. Udało mi się, bo dowódca wyszedł i potwierdził, że mnie zna. To mnie uratowało. Ale syjonistycznych pieniędzy nie uratowałem.

Przed naszą kwaterą od strony Długiej jak zwykle siedział Gustaw. Potem wyrósł z niego generał Edwin Rozłubirski. A wtedy miał z osiemnaście lat i nie wiem, kiedy spał, bo dwadzieścia cztery godziny na dobę w pogotowiu trzymał szmajsera. Zobaczył mnie i się zdziwił, bo już było późno. „A ty skąd się tu wziąłeś po nocy?" - pyta.

Wróciłem na kwaterę, ale zanim położyłem się spać, szturchnąłem Antka i mówię: „I co, wasze pieniądze tam się teraz palą?".

Dlaczego Stasia poszła z Kazikiem? Myślę, że miałem taki nawyk, żeby bliskich wysyłać „za mur", tam gdzie bezpieczniej, gdzie mają większą szansę przeżycia. A ja dzięki temu miałem większą swobodę, nie musiałem się o nich martwić. Rzeczywiście, Stasia przeżyła. Wszyscy oni przeżyli. Siedzieli w piwnicy na Lesznie jakieś dwa tygodnie, aż ich w końcu Niemcy złapali i wywieźli przez Pruszków do Niemiec na roboty.

No i tak. Antek całymi dniami konferował z komunistami. Nie wiem, o czym tyle rozprawiali, ale widać mieli wspólne tematy. No i chodził po ulicy Długiej i po Podwalu i zakręcał wąsika. Dziewczyny gotowały mu coś do jedzenia i tak spędzał całe dnie. Z naszej żobowskiej grupy ja jeden wychodziłem z kwatery na placówkę. Któregoś dnia, kiedy stamtąd wróciłem, podszedł do mnie Nastek Matywiecki i powiedział: „Marek, od dzisiaj nie będziesz spał w piwnicy, będziesz spał ze mną na trawniku, bo na dole w końcu kiedyś cię zabiją". Odtąd spaliśmy na trawniku przed domem, jeden za drugim, on za moimi plecami, przykryci płaszcz-pałatką Nastka.

A znowu Jaś Strzelecki lubił brać mnie pod ramię i razem przechadzaliśmy się po Długiej. „Chodź, pospacerujemy sobie, bo ja to robię na złość jednemu majorowi, ale nie powiem, któremu" - mawiał wtedy.

Na placówkę chodziłem na Mostową do białego domku, jak go nazywaliśmy. To ten, w którym teraz jest teatr Stara Prochownia. Spokojnie tam nie było. Byliśmy przy skrzyżowaniu, gdzie zbiegały się ulice Mostowa, dalej w dół do Wisły przechodząca w Boleść, oraz biegnąca pod skarpą wiślaną ulica Bugaj, po naszej stronie Mostowej zmieniona w ulicę Rybaki. Na dzwonnicy kościoła św. Anny przy Krakowskim Przedmieściu ulokował się niemiecki strzelec wyborowy i pojedynczymi strzałami zabijał ludzi, którzy przeprawiali się przez ulicę Bugaj. W ten sposób został ranny syn generała Orlikowskiego, który był dowódcą całej naszej placówki.

Mniej więcej naprzeciwko nas, ale dalej w dół w kierunku Wisły, stał dom z czerwonej cegły, który nazywaliśmy czerwonym domkiem. Zajęli go Niemcy i stamtąd strasznie nam życie obrzydzali. Bezustannie nas ostrzeliwali. Zaopatrzyliśmy się więc w paczkę z prochem i własnej roboty zapalnik i którejś nocy podkradliśmy się pod ścianę czerwonego domku. Podłożyliśmy paczkę, podpaliliśmy zapalnik i uciekliśmy. Zawaliło się pół ściany. Ale mało to pomogło, bo Niemcy zrobili barykadę z worków z piaskiem i dalej nas ostrzeliwali. I tak, przez cały miesiąc powstania, trwały potyczki między nami w białym domku i Niemcami w czerwonym.

Był tam z nami mały chłopiec, może dwunastoletni. Był naszym łącznikiem. Przez cały czas był z nami, nie odstępował nas. Wołaliśmy na niego Wróbel. Jak trzeba było, latał na Długą, na Podwale, do komendy. Taki był z niego malutki dorosły.

Sytuacja robiła się coraz trudniejsza. Nie można już było obronić Starego Miasta. W przeddzień było wiadomo, że nazajutrz będziemy się wycofywać. I właśnie tego dnia zginęło na Freta całe dowództwo AL. Nie wiem, kto zdecydował, że nasz oddział wycofuje się na Żoliborz. Heniek, podporucznik i nasz bezpośredni dowódca, zarządził ewakuację, a małemu Wróblowi rozkazał zostać w ariergardzie. Wszyscy mają wychodzić, a ten mały ma zostać i nas osłaniać. Chłopiec się rozpłakał. Przecież bał się zostać sam. I Heniek go zastrzelił za niewykonanie rozkazu. Potem, na Żoliborzu, został pozbawiony funkcji i miał stanąć przed sądem, ale nigdy do tego nie doszło. Całe trzy tygodnie nic nie robił, tylko się kręcił wyelegantowany po podwórku czwartej kolonii. Ale i tak sprawiedliwość go dosięgła. Po wojnie mianowali go attaché wojskowym w Jugosławii. Wybrał się na placówkę samochodem, ale nie dojechał na miejsce. Zabił się po drodze w wypadku. Nie powiem, żeby ci, którzy z naszego plutonu zostali przy życiu, szczególnie się tym zamartwiali. Ale przeżyło niewielu. Spotykałem ich pod hotelem Polonia, jak skupowali dolary, żeby rząd się mógł wyżywić.

Opuszczaliśmy Starówkę kanałami. Zeszliśmy do kanału w nocy. Z początku był dość niski, kilkadziesiąt metrów trzeba było przejść pochylonym, ale potem... wysoki wygodny kanał, szliśmy wyprostowani z suchą bronią, której nie groziło zamoczenie. Droga wręcz luksusowa. Woda płynęła wartko, więc każdy trzymał za pasek osobę, którą miał przed sobą. Tylko pod włazami trzeba było zachować ciszę, żeby nas nie wykryły niemieckie patrole, które mogły tam na nas czatować. Tak dotarliśmy do żoliborskiego burzowca. Tam trzeba się było przytrzymać linki, żeby się przeprawić na drugą stronę przez rwący strumień wody spływającej z Żoliborza prosto do Wisły. Przeszedłem bez kwestii. Następna była Celina, która dotąd szła za mną, trzymając się mojego paska, ale do przeprawy przez burzowiec musieliśmy się rozdzielić. Jedna chwila i nurt wody ją porwał. Byłem wtedy zwinnym chłopcem, ale odpłynęła dobrych pięć, sześć metrów w stronę Wisły, zanim udało mi się ją złapać i wciągnąć z powrotem.

Niedługo później podeszliśmy pod plac Wilsona, a tam oczekujący nas ludzie pomagali nam wychodzić z kanału. Był już dzień w pełni i słońce jasno świeciło. Panowała cisza i spokój. Bez pośpiechu udaliśmy się na czwartą kolonię WSM na rogu Krasińskiego i Suzina, gdzie zostaliśmy zakwaterowani w pustych, chyba specjalnie dla nas przygotowanych mieszkaniach. Byliśmy głodni. Znalazłem worek i pobiegłem na Promyka poszukać Tosi, która po opuszczeniu getta mieszkała tam w pokoju wynajętym u państwa Glińskich. Ale Tosi nie było, mieszkanie było puste. U pani Nowakowskiej – jej dom na Święcickiego i dom państwa Glińskich sąsiadowały ogródkami - też nikogo nie było. Ulica Promyka i okoliczne uliczki znajdowały się pod ostrzałem rosyjskiej artylerii zza Wisły i to pewnie zmusiło mieszkańców do opuszczenia domów. Ale okazało się, że pozostawili wanny pełne wody i piwnice nieźle zaopatrzone w jedzenie. Napełniłem worek, czym się dało, a przy okazji przestrzelałem jeszcze swoją nową pepeszkę, którą mi przydzielono po wyjściu z kanału, ale oczywiście w nic nie trafiłem, po czym wróciłem na kwaterę na czwartej kolonii. Nagotowaliśmy kaszy, omaściliśmy smalcem i najedliśmy się nareszcie do syta, bo na Starówce nie zawsze się to udawało. Witek, nasz dowódca, dał nam wolne do wieczora i powiedział, że od rana następnego dnia obejmiemy placówkę w domkach policyjnych, między placem Lelewela a Potocką.

Nasz pluton stał w ostatnim domku przy Potockiej. Z daleka było widać Szkołę Pożarniczą, do której przeniosły się siostry zmartwychwstanki z klasztoru na rogu Krasińskiego i Stołecznej. W objętym przez nas domku zmienialiśmy się co dwanaście godzin. Mieszkańców domu chyba już dawno tam nie było i nie wiadomo, kto przed nami w nim stacjonował. To był sam brud, smród i ubóstwo. Natychmiast oblazło nas najgorsze robactwo, wszystkie możliwe gatunki wszy. Na czwartą kolonię wracaliśmy, żeby się przespać. Pani Święcicka, właścicielka mieszkania, w którym kwaterowaliśmy, przychodziła tam w dzień z dwojgiem swoich małych dzieci. Stawiała na stole miskę z okropnie gorącą wodą i kazała mi w niej moczyć głowę. Kiedy wyjmowałem głowę z wody, wszystkie wszy pływały na powierzchni, a ja mogłem bezpiecznie nosić jej dzieci na barana. Do spania mieliśmy podłogę i tapczan, z którego gospodyni zapobiegliwie usunęła materac. Odchodziła, kiedy się zmierzchało.

Któregoś dnia przyszła do nas Tosia. Skądś się dowiedziała, gdzie jesteśmy, i już z nami została. Nasza grupa liczyła kilkanaście osób. Musiała się rozejść wiadomość o żydowskich powstańcach, bo dołączali do nas Żydzi z okolicy, wśród nich małżeństwo Kirszenbaumów. Byliśmy rozlokowani na parterze i na pierwszym piętrze.

I tu miałem łącznika, dziewięcioletniego chłopca, na którego też wołaliśmy Wróbel. Zawsze się mnie trzymał. Chodził ze mną na placówkę do domków policyjnych. Szliśmy Suzina do Słowackiego, a po drugiej stronie Słowackiego półokopem wzdłuż ulicy Krechowieckiej biegnącej stromo w dół przez plac Lelewela. Tu było najbardziej niebezpieczne miejsce tej trasy, bo wykop się kończył za wcześnie. Trzeba było z niego wyjść i przeskoczyć do piwnicy jedynego domu po lewej stronie. Właśnie w to miejsce nieustannie strzelali Niemcy. Tu znów stosowałem swój wypróbowany sposób. Brałem Wróbla na ręce, wyczekiwałem na odpowiednią chwilę i kiedy uznawałem, że czujność Niemców osłabła, przerzucałem dzieciaka do piwnicy.

Niemcy musieli to widzieć, bo zaraz potem nasilała się strzelanina, ale zawsze była spóźniona. Udawało mi się. I innym się udawało, aż postrzelili człowieka, który się kulom nie kłaniał, kapitana Hiszpana. Za dnia nie było go jak stamtąd wyciągnąć. Stracił przytomność. Dopiero w nocy udało się go wynieść do szpitala na Krechowieckiej, ulokowanego w piwnicy tegoż domu, przed którym kończył się wykop. Pracował tam chirurg, doktor Chmielewski. Do dyspozycji miał kubełek brudnej wody, szmatę, zwyczajną igłę i nici. Obmył więc Hiszpanowi zapiaszczoną nerkę, zaszył skórę na okrętkę i tak go zostawił. Hiszpan prawdopodobnie zmarł tej samej nocy.

Na czwartej kolonii kwaterował sztab AL. Jego sekretarką w randze sierżanta była Bożena Puchalska. Miała wtedy może szesnaście lat i była piękną, zawsze promiennie uśmiechniętą dziewczyną. W jej rękach były wszystkie papiery i pieczęcie. Fałszywe i oryginalne. Druki kenkart, przepustek, pozwoleń i różne inne ważne i przydatne dokumenty. Bożena podlegała Kliszce. A Kliszko uważał, że ma tych dokumentów za mało, i zabronił wydawać fałszywe kenkarty Żydom. Ale to Bożena je przechowywała i na nasze szczęście wcale się z tym nie liczyła. Wystawiała i pieczętowała nie tylko kenkarty, ale również przepustki i inne dokumenty. Zachowywała się jak prawdziwy samodzielny władca nad papierami. A że się pięknie uśmiechała, wszyscy za nią przepadali.

Któregoś dnia mieliśmy wolne, Niemcy ostrzeliwali czwartą kolonię z Dworca Gdańskiego. Jeden pocisk trafił w pustą szafę w naszym pokoju na pierwszym piętrze, ale wcale nie wybuchł. Drugi wylądował na parterze, urywając Kirszenbaumowi całą nogę razem ze stawem biodrowym. Nie zdążyliśmy nawet zejść na parter. W parę minut Kirszenbaum na śmierć się wykrwawił. Kirszenbaumowej nic się nie stało. Mieliśmy w oddziale fachowca, który pracował na cmentarzu. Nazywał się Zimny. Wiedział, że dla Żyda trzeba wykopać grób głęboki na dziewięć łokci, więc fachowo pochował na podwórku Kirszenbauma i jego nogę.

Wkrótce po wyzwoleniu Warszawy Zimny pod nadzorem Salo Fiszgrunda przeprowadzał ekshumację. Kirszenbaumowa poprosiła wtedy, żeby po wydobyciu ciała z obcasa buta jej męża wyjąć dwadzieścia złotych dolarów, które tam schował. Czekała na koniec ekshumacji w jednym z pustych mieszkań na parterze, bo mieszkańcy jeszcze nie wrócili do swoich domów. Ktoś poszedł ją zawiadomić, że wszystko gotowe, a wtedy się okazało, że nie żyje. Umarła, kiedy zrywano obcas z buta jej męża. Oboje zawieziono na cmentarz żydowski i tam ich razem pochowano, ale nie wiem, w którym miejscu.

Do końca powstania chodziliśmy na placówkę do naszego domku policyjnego. Niemcy zaczęli natarcie na Żoliborz. Rosjanie ostrzeliwali z katiuszy Potocką, a Niemcy podjeżdżali czołgami pod domki policyjne, strzelając wprost na nas. W oknie naszego domku usadowił się starszy, jak dla mnie, pan, który musiał być przedwojennym zawodowym żołnierzem. Ze zwykłego karabinu odgryzał się niemieckim czołgom. Jaki kolor ma na ścianie człowiek bezpośrednio trafiony pociskiem wystrzelonym z czołgu? Lilaróż. Trafił go niewątpliwie wprost w niego wycelowany pocisk czołgowy, który wpadł przez okno. Kolor lilaróż na ścianie prześladował nas jeszcze przez dwa dni, aż do kapitulacji.

Z naszej pozycji w ostatnim domku tylko ja zostałem przy życiu, a w sąsiednim - Karol. Nastąpiła kapitulacja, ale my o tym nic nie wiedzieliśmy. Biegaliśmy jeszcze od okna do okna, po kolei z każdego strzelając, żeby sprawić wrażenie, że jest nas wielu. W końcu, w chwili spokoju gapiąc się na swobodnie latające ptaki, zauważyłem, że siostry ewakuują się ze Szkoły Pożarnictwa. Zawołałem więc Karola i razem zeszliśmy do półokopu na tyłach domków policyjnych i poszliśmy w kierunku dolnego Żoliborza. Z początku rozmawialiśmy, ale potem droga zrobiła się trudna, szedłem pierwszy, on za mną i już nie mogliśmy rozmawiać. Kiedy się odwróciłem kilka minut później, nie zobaczyłem Karola. Nie wiem, co się z nim stało. Raczej nie mógł wtedy zginąć, bo już wówczas nie strzelano. Może nie odpowiadało mu moje towarzystwo? Nigdy go już nie spotkałem.

Dalej poszedłem sam. Dotarłem do ulicy Mickiewicza, po której od strony Dworca Gdańskiego jeździły już niemieckie czołgi. Zaraz za placem Wilsona zszedłem do piwnicy kamienicy przy Mickiewicza naprzeciwko parku. Było tam pełno ludzi. Stanąłem oparty o ścianę i wtedy pod przeciwną ścianą zobaczyłem znajomą sylwetkę odwróconą do mnie tyłem. Bardzo przypominała Celinę. Przepchnąłem się do niej przez tłum. To rzeczywiście była Celina. Z jej ramienia zwisał, sporo od niej większy, stary rosyjski karabin. Okazało się, że postawili ją na warcie na siódmej kolonii, a potem wszyscy o niej zapomnieli. Na podwórku wisiały już w oknach białe prześcieradła, a ona, taka obowiązkowa, wciąż stała na warcie, bo nikt jej nie odwołał. Aż przyszli mieszkańcy i wyrzucili ją stamtąd. I też trafiła do tej piwnicy.

Przez Mickiewicza nie dawało się przejść. Od strony miasta jeden za drugim jechały niemieckie czołgi. Weszliśmy na półpiętro, żeby lepiej widzieć ulicę. Staliśmy i czekaliśmy, a razem z nami dziesiątki cywilów i żołnierzy. O zmroku nastąpiła chwila przerwy i wtedy, z grupą dwudziestu osób, przeskoczyliśmy przez jezdnię do parku. Stamtąd w dół, w dół, w dół, bo chcieliśmy się dostać do Tosi na Promyka. Tam, po drugiej stronie parku, mogliśmy się poruszać bez przeszkód. Było już zupełnie ciemno, kiedy dotarliśmy do ogródka willi, w której mieszkała Tosia. Zastaliśmy tłum żołnierzy, którzy bezskutecznie próbowali się przeprawić przez Wisłę. Jakaś łączniczka, która poprzedniego dnia przepłynęła wpław na Pragę i stamtąd wróciła, miała ich zaprowadzić w umówione z berlingowcami miejsce, w którym na wycofujących się z Warszawy powstańców miały czekać łodzie, i przeprawić ich przez rzekę. Dlatego Wisłę pokrywała sztuczna mgła. Jednak musieli wrócić znad Wisły, bo nie udało im się spotkać żadnych łodzi. Potem mówiono, że prawdopodobnie pomylono punkt kontaktowy, w którym umówiono spotkanie. Łączniczka była podobno dobrą pływaczką, ale nie znała Żoliborza. Teraz ci wszyscy ludzie tłoczyli się w ogródku Tosi, a właściwie w ogródku państwa Glińskich, i zastanawiali się, co dalej robić. Był wśród nich mąż pani Święcickiej, porucznik Tytus, który dowodził jednym z oddziałów akowskich na Żoliborzu. Znałem go, bo kwaterowałem w jego mieszkaniu na czwartej kolonii. Tytus podszedł do mnie i powiedział: „Marek, nie ma rady, idę do niewoli. Dam ci opaskę i akowską legitymację. Pójdź z nami". Zapytałem go tylko, czy mi zagwarantuje, że nikt z jego ludzi, kiedy będziemy przechodzić do Niemców, nie wskaże mnie i nie powie, że jestem Żydem? „Nie, tego ci nie zagwarantuję". „Wobec tego dziękuję, ja zostaję" - odpowiedziałem.

Powoli podwórko pustoszało. I zaczęli się schodzić nasi. Byłem już ja i Celina. Przyszli Antek,

Zygmunt Warman z Marysią, Zosia Skrzeszewska z rannym Julkiem Rutkowskim i jeszcze parę osób. Tosia powiedziała, że u państwa Glińskich w piwnicy jest regał zastawiony słoikami z przetworami na zimę, a za tym regałem, następna, niewidoczna piwnica z kuchnią oraz pralnia i że tam można się schować. I tak zrobiliśmy. Witek, nasz dowódca, również tam z nami poszedł, bo na zabój kochał się w Andzi Elenbogen. I tam się nad ranem zamknęliśmy.

Chyba każdy, kto przebywał w tej kryjówce, nieraz opisał nasze tam przejścia. Niemcy budowali bunkier obronny w jednej z piwnic i zaminowywali okolicę. A my, mając Niemców za sąsiadów, przetrwaliśmy tam z różnymi przygodami do 15 listopada. Tego dnia dotarła do nas z całym patrolem Ala. Musiała do nas przejść przez pole minowe, więc mądrala zdjęła buty, żeby mina nie wybuchła. Jakoś jej się to udało, a że szczęście jej nie opuszczało, bo trafiła na przerwę obiadową u Niemców, którzy zostawili robotę i udali się na posiłek, mogliśmy wyjść z naszej kryjówki.

To wszystko, co mi zostało, takie strzępki pamięci. Ludzie, którym to opowiadałem, pytali, czy to wszystko jest prawda. Tak, prawda. Toczka w toczkę. Koniec, kropka. Więcej już nic.

Antek i Celina

Antek i Celina. Celina i Antek. Cywie und Icchak. Icchak und Cywie. Taki kontrast, a przecież jedność. On wysoki, przystojny blondyn, niebieskie oczy, zawsze uśmiechnięty, czasem zamyślony, spokojny, rozważny. Ona średniej postury, czarnowłosa o ruchliwych oczach, zdecydowana, myśląca, kobieta-przywódca. Jej cechy to wierność zasadom, wiara w człowieka i pełne do niego zaufanie.

Łączyła nas przyjaźń i przyjaźń zawsze rządziła naszą znajomością.

Poznałem Antka 15 października 1942 roku. Należał do Droru. Muszę powiedzieć, że nie miałem zaufania do tych wszystkich młodzieżowych organizacji syjonistycznych. Nie miałem do nich zaufania politycznego i nie znałem ich jako ludzi. Przyszedłem na pierwsze zebranie Komendy i tam się dowiedziałem, że komendantem musi zostać Anielewicz. Bo inaczej wszystko się rozpadnie. Nie znałem ani Antka, ani Anielewicza. Nie głosowałem, ale trafiliśmy dobrze. Marian, uczeń gimnazjum Laor, świetnie się nadawał na komendanta. W odróżnieniu od Antka, który był raczej milczący, tryskał pomysłami, bywało, że nierealnymi, był wręcz agresywny. Zauważyłem, że jedynym, kto go umiał tonować i kto trzeźwo patrzył na rzeczywistość, był Antek, ten romantyczny, zamyślony chłopak. Jakeśmy się już z Antkiem zwąchali, bez słów wiedzieliśmy, co jest trzeźwo pomyślane, a co jest tylko mrzonką. I tak to trwało do drugiej akcji w styczniu 1943.

W wigilię Bożego Narodzenia 1942 Antek pojechał z Chawką Folman na akcję ŻOB do Krakowa. Został tam ranny, a ją, siedemnastoletnią dziewczynę, złapali i wywieźli do obozu koncentracyjnego. Któregoś grudniowego dnia Celina przyprowadziła do szpitala rannego Antka. Miał przestrzeloną nogę. Luba Bielicka-Blum, żona Abraszy Bluma, zrobiła mu opatrunek, po czym Celina wzięła Antka pod rękę i odprowadziła do domu. Wtedy ją poznałem.

W styczniu 1943 Niemcy przystąpili do drugiej akcji wysiedleńczej. Tym razem napotkali opór, w getcie rozległy się strzały. To my strzelaliśmy. W potyczkach z Niemcami uczestniczyli Antek i Celina. To były pierwsze - w Polsce i w Europie - strzały oddane do niemieckich żołnierzy na ulicach okupowanego miasta. Padł mit niezwyciężonego Niemca. Zaskoczeni Niemcy wycofali się z getta.

To było dla nas bardzo ważne. Dodało nam skrzydeł. I dostrzeżono nas po aryjskiej stronie. ŻOB mógł zaktywizować się również za murami. W połowie kwietnia Komenda ŻOB wysłała Antka na aryjską stronę jako swego przedstawiciela do władz Polski Podziemnej. Niestety, nie miał już dość czasu, żeby przed wybuchem powstania w getcie nawiązać oficjalne kontakty z polskim podziemiem. Został sam. Wybuch powstania zaskoczył go we wrogim mu mieście, w którym w każdej chwili jego życie było zagrożone. Nie mógł wziąć udziału w powstaniu i nie mógł pomóc walczącym kolegom. To był jego wielki dramat.

Celina została w getcie. Choć dla nas była alter ego Antka, nie zajęła w Komendzie jego miejsca. W ŻOB jest, jak mówiła, szeregowym żołnierzem, a strzelać oczywiście nie umiała. A jednak wśród bojowych grup chalucowych i szomrowych cieszyła się tak wielkim autorytetem, że mogła bez trudu decydować o działaniach tych grup i nie trzeba się było zwracać do oficjalnych przedstawicieli tych organizacji. Z zasady nie uczestniczyła w posiedzeniach Komendy, nieodmiennie powtarzając, że jest tylko zwykłym żołnierzem. Rozkazy i postanowienia Komendy były dla niej święte.

Gdy Kazik cudem nawiązał kontakt z Krzaczkiem i dzięki temu mogli wyprowadzić z getta ostatnią grupę bojowników - nie do wiary, że to przedsięwzięcie się powiodło - Antek dowiedział się o tym post factum. Od razu przyjechał do lasu w Łomiankach, gdzie przywieziono siedemdziesięcioosobową grupę bojowników ocalałych z getta. Powiedział tylko: „Chwała Kazikowi i jego młodości!". Nie prowadził żadnych rozmów, tulił się do Celiny, szukał w niej siły i ciepła. Ona, przyzwyczajona dawać, i teraz dała mu całą swoją energię, wprost ją na niego przelewając.

Antek był człowiekiem przyjaznym ludziom i doskonale nawiązywał z nimi kontakty. Nic więc dziwnego, żc miał dobre relacje z kierownictwem wojskowym i cywilnymi przedstawicielami polskiego podziemia zarówno z AK, jak i z PPR. To się nie udało żadnemu innemu żydowskiemu działaczowi.

Celina, alter ego Antka, była szyją jego głowy. Miała wpływ na jego stosunek do syjonistycznych organizacji za granicą. Za jej podszeptem, tuż po upadku powstania w getcie, Antek napisał w liście do Szwarcbarda, syjonistycznego przedstawiciela w londyńskiej Radzie Narodowej: „Jeśli nam nie pomożecie, to jeszcze dziesiąte pokolenie będzie was przeklinać". Ona stała się motorem jego krytycznej oceny działań izraelskiego wywiadu, którego wysłannicy pojawiali się w Rumunii, na Węgrzech czy w Bułgarii, a nie starali się dotrzeć do Polski. Ona, trzeźwo patrząc na tę sprawę, widziała w tym przejaw błędnej polityki Ben Guriona.

Antek-romantyk wieczorami przyjaciołom, z którymi mieszkał, opowiadał bajki, czytał Słowackiego, podtrzymywał ich na duchu. Na pamięć znał Anhellego, ale również Kacenelsona. W powstaniu warszawskim walczył w grupie bojowej Armii Ludowej.

Antek był dla mnie, i został, najbliższym człowiekiem. Człowiekiem, który wiedział, co to jest przyjaźń. A Celina do ostatniej chwili życia była, i została, najbliższą przyjaciółką. Rozumiała mnie i rozumiała moje postępowanie. Jakże często przyznawała rację mnie, a nie romantycznym wizjom Antka. Bliższych i bardziej oddanych przyjaciół niż oni nie można mieć!

Pamięć polsko-żydowska. Nie ma jednej pamięci żydowskiej. Inna jest pamięć policjanta żydowskiego, który doprowadził żonę do pociągu, a inna jest pamięć policjanta żydowskiego, który utrzymał żonę i dziecko przy życiu. Inna jest pamięć dziecka, które się przechowało w klasztorze, a inna jest pamięć pani, która przeżyła spokojnie po tak zwanej aryjskiej stronie. A inna jeszcze jest pamięć tych, którzy byli codziennie szmalcowani, inna pamięć tych, którzy walczyli, inna pamięć tych, którzy gdzieś uciekli i schowali się na wsi. Inny jest stosunek tych ludzi do przeszłości.

Nie ma też jednolitego, narodowego schematu, pokazującego, jaki stosunek mają Żydzi do Polaków. I tak samo jest z Polakami. Inny jest stosunek pana Karskiego i pana Bartoszewskiego. Inny jest stosunek tych, co przechowywali Żydów. Inny jest stosunek matki, która straciła syna, bo poszedł pod mur getta. Inny jest stosunek tych, którzy byli w powstaniu warszawskim, a inny tych, którzy nie byli. Inny jest stosunek tych kolegów, którzy byli w oddziałach akowskich z żydowskimi kolegami z gimnazjum, i inny tych, którzy nie byli. Inny jest stosunek tych Polaków, którzy czytali prasę lewicową, i tych, którzy czytali prasę prawicową. Tak samo w sferach kulturalnych. Inny jest stosunek Gajcego, a inny Borowskiego, i tak dalej.

Nie mówmy zatem o schematach. I nie mówmy o tym, jaka jest pamięć w narodzie. I w ogóle nie mówmy o pamięci narodowej, bo jeżeli będziemy mówili o pamięci narodowej, to musimy powiedzieć o pamięci chorwackiej, o pamięci serbskiej, o pamięci kambodżańskiej, o pamięci Biafry. To są rzeczy, które prowadzą do złego, a nie do dobrego. Szczególnie w ustrojach totalitarnych.

Przede wszystkim trzeba pamiętać o jednym: czym był Holokaust. To nieprawda, że to była sprawa tylko żydowska. To nieprawda, że to była sprawa tylko tych kilku szmalcowników. Czy kilkunastu. Czy kilkudziesięciu. Czy kilkuset. To nieprawda, że to była sprawa stu czy dwustu tysięcy Niemców, którzy osobiście brali udział w tych mordach.

Nie, to była sprawa Europy i sprawa cywilizacji europejskiej, która stworzyła fabryki śmierci. Holokaust jest klęską cywilizacji. I niestety ta klęska nie skończyła się w 1945 roku. O tym trzeba pamiętać. I wszyscy muszą o tym pamiętać. Sprawa pamięci jest sprawą polityki. Polityka kształtuje pamięć społeczeństwa, pamięć grupy, wszystko jedno, czy tu zebranych, czy grupy zawodowej, czy grupy narodowej. To wszystko kształtuje polityka. Polityka państw totalitarnych kształtuje pamięć o wiele silniej. Propaganda hitlerowska była świetna, wykształciła pamięć na morderstwie, bo Goebbels był genialnym propagandzistą. I to pokutuje do dzisiejszego dnia.

A co dzisiaj się dzieje w cywilizowanej Europie? Dzisiaj? To wszystko są odpryski hitleryzmu. Co to są Czerwone Brygady czy Czarne Brygady? Co to oznacza: pięć tysięcy zatrutych w metrze tokijskim? To jest pogarda dla życia ludzkiego i tę właśnie zmianę wprowadził do naszej świadomości Holokaust. Przecież ponad 200 lat temu w konstytucji Stanów Zjednoczonych Jefferson zapisał, że najważniejsze jest życie ludzkie. Więc nie jest ważne, że państwo będą tutaj opowiadali, co i jak przeżyli, czy Polak ukrył Żyda czy nie ukrył, czy Francuz ukrył Żyda czy nie ukrył. Ważne jest to, że morderstwo zostało dokonane na ich oczach, na oczach wszystkich. Bo to nieprawda, że Niemcy nie wiedzieli, to nieprawda, że gdy do Francji ze stu tysięcy deportowanych Żydów wróciły tylko trzy tysiące, to Francuzi nie wiedzieli, gdzie podziała się reszta. Zawsze mamy skłonność do odwracania głowy od tego, co nieprzyjemne.

To było tak: wychodził Żyd z getta, stał tłum ludzi, a w nim dwóch szmalcowników. Tylko dwóch ich było i tylko tych dwóch zrobiło, co zrobiło, pozostali odwracali głowy i nie chcieli tego widzieć. Bo to bardzo przykra rzecz. A jednak pozostali świadkami. A bierny świadek staje się współwinny. W ekstremalnych sytuacjach bierność jest przestępstwem.

W ekstremalnych sytuacjach nawet strach nie usprawiedliwia, a bierność naprawdę staje się przestępstwem. Podczas wojny bierny był cały świat. Nie tylko Europa. Bierna była i Wielka Brytania, i Ameryka - chociaż nie musiały się bać. Roosevelt uznał Holokaust za ponoszone przez Żydów koszty wojny. Takie same, jak koszty ponoszone przez Francuzów czy Rosjan. Powiedział, że jak tylko wojna się skończy, to Żydów przestaną mordować.

A przecież to nie było to samo. Te fabryki śmierci, w których masowo mordowano, wprowadziły pogardę dla życia ludzkiego. I ta pogarda dla życia przetrwała do dzisiejszego dnia. Ludobójstwo w Kambodży było dziełem najlepszych uczniów francuskiego uniwersytetu. Tak samo było w Ruandzie. Tym razem, na szczęście, Francja przeciwstawiła się mordom i wysłała wojsko, żeby obronić tam pół miliona ludzi. To się zdarzyło po raz pierwszy. Trzeba przypomnieć, że pierwotnym grzechem zaniechania było milczenie, gdy Hitler zajmował Zagłębie Saary. To był początek słabości, strachu przed faszyzmem, strachu przed mocną władzą. Jeżeli dzisiaj w sobie nie zwalczymy tego strachu, to dalej będziemy mieli do czynienia z terroryzmem, z ludobójstwem. Trzeba o tym pamiętać.

A kto tego może dokonać? W tym ostatnim półwieczu młodzież już parę razy pokazała, że potrafi to zrobić. Pokazała w Ameryce, przyczyniając się do końca wojny w Wietnamie, pokazała we Francji w 1968 roku, zmieniając styl życia, to samo pokazała w Niemczech. Coś się zmieniło od tego buntu młodzieży. Niedawno we Francji młodzież zmusiła ministra do ustąpienia. Więc to jest siła, bo my jesteśmy już przegranym pokoleniem.

Tylko że trzeba dziś znowu młodzież nauczyć, iż pierwszą i najważniejszą rzeczą jest życie, a potem dopiero jest wygoda.

Wystąpienie na konferencji „Pamięć polska - pamięć żydowska" w Krakowie 10 i 11 czerwca 1995 r.

Jestem już ostatni, który znał tych ludzi z imienia i nazwiska, a pewnie nigdy nikt ich już nie wspomni. Trzeba, żeby został po nich jakiś ślad.

Wiktor Alter (1890–1943), inżynier, publicysta, członek CK Bundu, wiceprzewodniczący Centralnej Rady Związków Zawodowych w Polsce, członek egzekutywy II Międzynarodówki Socjalistycznej, dwukrotnie aresztowany na polecenie Stalina. Stracony w ZSRR.

Mordechaj Marian Anielewicz (1919–1943), działacz Haszomer Hacair, komendant Żydowskiej Organizacji Bojowej, dowódca powstania w getcie, zginął śmiercią samobójczą w bunkrze na Miłej 18.

Baumanowie i Bersonowie, kupiec i filantrop Salomon Bauman (zm. 1876) wraz z żoną Pauliną oraz bankier, filantrop i społecznik Majer Berson (1787–1873) z żoną Chają byli fundatorami i patronami żydowskiego Szpitala dla Dzieci w Warszawie.

Chajka Halina Bełchatowska (1919–2002), należała do Bundu, była kolporterką prasy podziemnej, bojowniczką ŻOB, w powstaniu w getcie walczyła na terenie szopów Többensa i Schultza; żona Bronka Szpigla.

Leon Berenson (1882-1942), wybitny adwokat, obrońca w politycznych procesach Polskiej Partii Socjalistycznej od czasów carskich do procesu brzeskiego. W Centrolewie mecenas Berenson był depozytariuszem umowy między komunistami a pozostałymi partiami. Autorytet moralny. Uważał, że policja żydowska w getcie powinna składać się z ludzi zaufania społecznego, wykształconych, prawych, nieprzekupnych, takich, którzy swoją postawą będą dawali przykład innym. Toteż w policji było wielu członków PPS, Polskich Socjalistów oraz sympatyków Stronnictwa Demokratycznego, wielu adwokatów, ludzi kultury, muzyków. Wiem, że Berenson w listach do swojego aplikanta, który był w oflagu, pisał o tym, że jest rozczarowany zachowaniem policjantów żydowskich w getcie. Listy te przez długi czas przechowywała Aniela Steinsbergowa, ale kiedy zaczęto robić u niej rewizje, przekazała je ich adresatowi, mecenasowi Mieczysławowi Dąbowi. Berenson przed przeprowadzką do getta zakopał swoje bogate archiwum w piwnicy domu przy Narbutta, gdzie mieściła się jego kancelaria. Po wojnie w tym budynku stacjonowało NKWD.

Dąb sądził, że uda mu się wydobyć archiwum przy pomocy Różańskiego. Jednak gdy przyszedł w umówionym terminie, piwnica była już rozkopana, a archiwum zniknęło, prawdopodobnie NKWD przewiozło je do Moskwy. Wraz z archiwum mecenasa Berensona zginął wielki fragment politycznej historii Polski. To wielka strata. Bezpośrednią odpowiedzialność ponoszą za to Dąb i Różański. Berenson zmarł w getcie wiosną 1942 roku podczas poobiedniej drzemki. Został pochowany na cmentarzu żydowskim. Jego śmierć była wielkim ciosem dla tych ludzi w policji żydowskiej, którzy starali się być wierni jego zasadom. Gdy jego zabrakło, stracili poparcie. Niektórzy odeszli z policji, a niektórzy stali się draniami.

Włodek Yosl Bergner (ur. 1920), uczeń szkoły CISZO, pamiętam go głównie z obozów Skifu. Przed wojną, chyba w 1936 roku, ojciec wywiózł go do Australii. Obecnie z żoną Australijką mieszka w Izraelu, jest wziętym artystą malarzem.

Luba Bielicka-Blum (1905-1973), pielęgniarka i działaczka społeczna, kierowała Amerykańską Szkołą Pielęgniarską w Warszawie, w 1940 roku założyła w getcie oddział tej szkoły, który działał do 1942.

Po wojnie kierowała Domem Dziecka w Otwocku, a w 1949 roku założyła Szkołę Pielęgniarstwa w dawnym budynku przy Dworskiej w Warszawie; otrzymała nagrodę im. Florence Nightingale; żona Abraszy.

Janek Bilak (1920–1944), działacz Skifu i Cukunftu, bojowiec ŻOB, w powstaniu w getcie walczył na terenie szczotkarzy, później w partyzantce i w powstaniu warszawskim; zginął rozstrzelany przez Niemców na podwórku gestapo w alei Szucha.

Abrasza (Abraham) Blum (1905–1943), inżynier, przywódca Cukunftu, współorganizator podziemia w getcie, członek prezydium CK Bundu i redakcji „Biuletynu" oraz CK Cukunftu, członek prezydium KK ŻKN, walczył w powstaniu w getcie. Zadenuncjowany po aryjskiej stronie, zginął na gestapo w alei Szucha.

Guta Błones (1921–1943), najstarsza z rodzeństwa Błonesów. Opiekuńcza, ciepła, dobra. Zawsze pilnowała moich papierosów, nawet spała na nich.

Jurek Błones (1924–1943), brat Guty i Luśka, działacz Cukunftu, w powstaniu w getcie dowodził grupą ŻOB, walczył na terenie szczotkarzy i w getcie centralnym.

Lusiek (Eliezer) Błones (1930-1943), najmłodszy z rodzeństwa Błonesów i najmłodszy żołnierz w powstaniu, walczył w grupie Bundu. Był ranny w wargę, nie wiem, jak to się stało. Prostytutki na Franciszkańskiej karmiły go delikatnie przez lejek.

Anna Braude-Hellerowa (1888-1943), działaczka społeczna, radna Warszawy, odznaczona orderem Virtuti Militari. W latach 1930-1943 lekarz naczelna w szpitalu Bersonów i Baumanów i ordynator oddziału niemowlęcego. Przed wojną razem z doktor Lichtenbaumową zorganizowały w Ogrodzie Krasińskich akcję „Kropla mleka". Mogły tam zgłaszać się młode matki. Te, które miały nadmiar mleka, mogły je oddać na rzecz matek, którym brakowało pokarmu. Doktor Hellerowa jako pierwsza wprowadziła w Warszawie dagenan do leczenia zapalenia płuc i dlatego dostawała ten lek dla szpitala za darmo (od firmy Ludwik Spis i Syn, to była wielka hurtownia leków w Warszawie przy Daniłowiczowskiej). Przed wojną przeżyła wielką tragedię - śmierć dziecka, starszego z dwóch synów, umarł na ropne zapalenie wyrostka robaczkowego. Jej młodszy syn został po wojnie profesorem uniwersytetu w Szwecji. W getcie uczestniczyła w badaniach nad chorobą głodową dzieci. Na żądanie personelu szpitala rozdzielała przyznawane przez Niemców „numerki życia". Chociaż mogła opuścić getto, została i zginęła w niejasnych okolicznościach, zastrzelona w tunelu między parzystą i nieparzystą stroną Gęsiej.

Buksowa, nie pamiętam jej imienia. Była dobrą kobietą. Po wojnie wyjechała do Australii.

Jakub Celemański, „Celek" (?-1986), działacz Bundu, kurier po stronie aryjskiej, odpowiedzialny za kontakty z ruchem oporu w innych gettach oraz przywódcami polskiego podziemia.

Chmielewski, nigdy nie znałem jego imienia - młody chirurg w szpitalu Bersonów i Baumanów, uczeń doktora Borkowskiego, przed wojną najwybitniejszego chirurga w Warszawie, w czasie powstania warszawskiego prowadził powstańczy szpital na Krechowieckiej na Żoliborzu.

Antek Icchak Cukierman (1915-1981) był działaczem syjonistycznym, przywódcą Droru, członkiem

Komendy Głównej ŻOB, w czasie powstania w getcie był łącznikiem z AK po stronie aryjskiej, walczył w powstaniu warszawskim, po wojnie wyjechał do Izraela, założył kibuc im. Bohaterów Getta.

Roza Ejchner to fałszywe nazwisko. Roza pochodziła z Wilna. Po zajęciu Wilna przez Sowietów musiała uciekać, bo była poszukiwana przez władze sowieckie za „kultywowanie języka żydowskiego i prowadzenie nielegalnego nauczania historii". Do Warszawy przyjechała pod tym nazwiskiem. Podjęła pracę w sanatorium Medema jako nauczycielka i wychowawczyni. Prowadziła tam samorząd dziecięcy. Była wielkim autorytetem moralnym. Gdy przyszła wiadomość o akcji wywożenia dzieci do Warszawy, zwołała wszystkich wychowanków i wychowawców i powiedziała, żeby każdy próbował się ratować na własną rękę. „Proszę się rozejść i uciekać - powiedziała. - Każdy w swoją stronę. Może komuś się uda". Podobno była to dramatyczna scena, bo ponad setka dzieci zbiła się w zwartą grupę i powiedziały, że się nie rozejdą. Wielu wychowawców uciekło. Zostały Hendusia Himelfarb i Roza. Razem z dziećmi przewieziono je na wózkach na Mylną, a stamtąd do wagonów.

Andzia Elenbogen pochodziła z rodziny bundowskiej, w czasie wojny pracowała w sanatorium Medema. Uratowała się razem z młodszym bratem. W powstaniu warszawskim była na Żoliborzu, po wojnie wyjechała do Szwecji, a potem do Stanów Zjednoczonych.

Henryk Erlich (Hersz Wolf, 1882-1942), adwokat, działacz socjalistyczny, ideolog i przywódca Bundu, publicysta i redaktor dziennika „Fołks-Cajtung", dwukrotnie aresztowany z polecenia Stalina, popełnił samobójstwo w więzieniu w Kujbyszewie.

Ignacy Falk, znałem go słabo. Działacz bundowski przed wojną i po wojnie. W czasie wojny w getcie warszawskim. Po wojnie członek prezydium Centralnego Komitetu Żydów Polskich z ramienia Bundu, wizytował komitety na Kielecczyźnie.

Leon Feiner, „Mieczysław Berezowski", „Mikołaj" (1888-1945), adwokat, członek konspiracyjnego kierownictwa Bundu, przedstawiciel Bundu i ŻOB po stronie aryjskiej, wiceprzewodniczący i przewodniczący Rady Pomocy Żydom „Żegota".

Bronka Feinmesser-Warman, „Niebieska Marysia", (1919-2002), była telefonistką w szpitalu Bersonów i Baumanów. Umiała stworzyć kontakty z polską służbą zdrowia, zwłaszcza z doktorem Orzechowskim, naczelnym lekarzem okupowanej Warszawy. Niezwykle zręcznie rozmawiała z niemieckim urzędem zdrowia, nawet bezpośrednio z doktorem Stremfem. Dla doktor Hellerowej była wyręką w sprawach administracyjnych. Naczelna miała do niej pełne zaufanie i powierzała jej załatwianie po aryjskiej stronie wszystkich spraw szpitalnych. Dostała od niej „numerek życia", bo naczelna uważała, że szpital będzie jeszcze jakiś czas istnieć, a bez Marysi utraciłby wszelką łączność ze światem. Nie wiadomo, co się stało na placu przed gminą żydowską, kiedy Marysia sama stanęła w szeregu do wyjścia z kotła, w każdym razie okazało się, że jej kontakty w szpitalu na Gęsiej nie były już przydatne. Wyszła na aryjską stronę przed drugą akcją i była tam naszą łączniczką. Oddaną i zaradną.

Salo (Salomon) Fiszgrund, „Henryk" (1893-1971), działacz Bundu z Krakowa, w czasie okupacji długo pracował w sanatorium Medema, potem po aryjskiej stronie jako przedstawiciel Bundu.

Josełe Fiszman, uczeń szkoły CISZO, skifista, mój szkolny kolega, po wojnie pracował w ONZ, zajmował się wspieraniem rozwoju rolnictwa w krajach zacofanych.

Chawka Folman (ur. 1924), była łączniczką i kurierką podziemia, kolporterką prasy podziemnej, gazetki drukowane w Warszawie przewoziła do gett w innych miastach. Więziona w Oświęcimiu. Po wojnie wyjechała do Izraela. Współzałożycielka kibucu Lohamej Hagetaot.

Zosia Renia Frydman (ur. 1918, obecnie Skrzeszewska), pomoc pielęgniarska w szpitalu dziecięcym Bersonów i Baumanów; od marca 1943 łączniczka ŻOB po stronie aryjskiej.

Zygmunt Zalman Frydrych (1911-1943), działacz Bundu, instruktor organizacji bojowej (Bundu i lewicy PPS), w powstaniu w getcie walczył w grupie budowskiej na terenie szczotkarzy. Zadenuncjowany zginął w Zielonce.

Mira Fuchter lub **Fuchrer** (1920-1943), działaczka Haszomer Hacair, łączniczka, uczestniczka konspiracji i powstania w getcie, współpracownica i narzeczona Anielewicza.

Władysław Gaik, „Krzaczek" (1912-1944), żołnierz Gwardii Ludowej, uczestniczył w wyprowadzaniu bojowców ŻOB kanałami i ich ukryciu po stronie aryjskiej. Podejrzewany - nie wiadomo, czy zasadnie - o kolaborację z Niemcami, zginął podobno zastrzelony na korytarzu posterunku policji kryminalnej.

Luba Gawisar, „Zielona Marysia" (ur. 1924, z d. Zylberg), w getcie pracowała w Pocztowej Składnicy Paczkowej przy ulicy Ciepłej 20, potem łączniczka ŻOB po stronie aryjskiej, po wojnie wyjechała do Izraela, żona Jurka Grasberga.

Elizer Geller (1918-1943), walczył w wojnie obronnej 1939 roku, był działaczem Gordonii, organizatorem ruchu oporu w getcie warszawskim i innych miastach, członkiem ŻOB, a w czasie powstania komendantem rejonu getta centralnego, w lipcu 1943 roku trafił do Hotelu Polskiego, stąd do Bergen Belsen, zginął w Auschwitz.

Bernard Goldsztajn (1889-1959) był jednym z przywódców Bundu, organizatorem i dowódcą oddziałów samoobrony (milicji bundowskiej), instruktor organizacji bojowej Bundu i lewicy PPS, od grudnia 1942 roku po stronie aryjskiej.

Janek Josełe Goldsztajn uczeń szkoły CISZO, syn Bernarda, mój szkolny kolega.

Lucja Goldsztajn, żona Bernarda i matka Josełe.

Zosia Fajgełe Goldsztajn lub **Goldblat**, jedna z najaktywniejszych łączniczek i kolporterek. Zgrabna, ładna dziewczyna, świetnie się poruszająca. Prowadziła kolportaż w getcie i po aryjskiej stronie. W czasie pierwszej akcji cztery razy trafiała na Umschlagplatz i za każdym razem udawało mi się ją stamtąd wyciągnąć. Nie wiem, co się z nią działo po pierwszej akcji. W każdym razie znalazła się w Łomiankach, zatem z jakąś grupą bojową, prawdopodobnie od Többensa i Schulza, bo w getcie centralnym jej nie było. Opiekowała się ciężko chorym Jurkiem Błonesem i dlatego Zygmunt Frydrych zabrał ją do Zielonki, odwożąc do wynajętego tam mieszkania rodzeństwo Błonesów. Zadenuncjowana i rozstrzelana przez Niemców z całą grupą. Po wojnie ekshumowana i pochowana na cmentarzu żydowskim w Warszawie pod nazwiskiem Fajgełe Goldsztajn.

Tosia (Teodozja) Goliborska (ur. ok. 1900, zmarła w wieku ponad dziewięćdziesięciu lat) była wybitnym lekarzem analitykiem. Przed wojną prowadziła laboratorium w szpitalu Bersonów i Baumanów i blisko współpracowała z profesorem Hirszfeldem. Szczególnie dobrze znała się na grupach i podgrupach krwi. Przyjaźniła się z Kotarbińskimi, z Henrykiem Wolińskim i całą śmietanką Stronnictwa Demokratycznego. Swego męża poznała na przyjęciu u Kotarbińskich. Posadzono obok niej młodego mężczyznę. Był wysoki, przystojny. Lekarz pogotowia ratunkowego. Przed wojną to była wysoka pozycja zawodowa. Zapytał Tosię, dlaczego jest niespokojna. „Czy pani jest niewygodnie?". „Zapomniałam zabrać z domu puderniczkę" - powiedziała Tosia. „A gdzie pani mieszka?". Mieszkała obok, na Kredytowej. I przystojny lekarz zaproponował, że jeśli dostanie klucze, przyniesie puderniczkę. Wrócił z puderniczką po kilkunastu minutach i z takim wdziękiem i swadą opisywał Tosi jej całe mieszkanie, że pomyślała: Taki bystry, spostrzegawczy i dowcipny? Będzie moim mężem. I rok później się pobrali. Wybuchła wojna. Męża Tosi powołali do wojska. Zginął w Katyniu. A Tosia, jeszcze podczas bombardowania Warszawy, zgłosiła się do szpitala i do czasu wielkiej akcji pozostała na posterunku w szpitalnym laboratorium. Poza codzienną szpitalną pracą, prowadziła badania naukowe nad przemianą materii i niedoczynnością tarczycy w głodzie. Ta ostatnia praca niestety zaginęła razem z dokumentacją szpitalną. W jej pokoju, który wynajmowała po aryjskiej stronie u państwa Glińskich, odbywały się nasze pierwsze spotkania z przedstawicielem Delegatury Rządu oraz z Henrykiem Wolińskim, przez którego przesłaliśmy pierwszy raport z akcji styczniowej do Londynu.

Henryk Grabowski (1913-1996), harcerz, w sierpniu 1941 roku łącznik podziemia żydowskiego w Wilnie i Warszawie, przyjaciel Jurka Wilnera, którego wyprowadził z obozu w Rembertowie, Sprawiedliwy Wśród Narodów Świata.

Wiera Gran, Weronika Grynberg (1916-2007), piosenkarka, aktorka kabaretowa i filmowa.

Jurek Grasberg (zm. 1944), harcmistrz, bliski współpracownik Aleksandra Kamińskiego, wyszedł z getta w marcu 1943 roku, zginął pierwszego dnia powstania warszawskiego.

Merdek (Mordechaj) Growas (1921-1943), działacz Haszomer Hacair, bojowiec ŻOB, w powstaniu dowódca grupy walczącej na terenie getta centralnego, zginął w partyzantce.

Pnina Grynszpan-Frymer (ur. 1923 z d. Papier,), bojowniczka ŻOB, uczestniczka powstania w getcie, łączniczka w powstaniu warszawskim. Mieszka w Izraelu.

Rutka Grynszpan, retuszerka w zakładach fotograficznych Dagera, w czasie wojny codziennie wydawała biuletyn z nasłuchu BBC, początkowo pisany ręcznie, a potem w postaci powielanej gazetki. Trafiła do Oświęcimia, ale choć w selekcji przeznaczona na zagładę, uniknęła śmierci. Dzięki pomocy Józefa Cyrankiewicza wydostała się w nocy z baraku śmierci. Po wojnie, w latach pięćdziesiątych, wyjechała z mężem do Izraela.

Henoch Gutman (1919-1943), działacz Droru, członek ŻOB, w czasie powstania w getcie dowódca grupy walczącej na terenie szczotkarzy.

Hendusia Himelfarb, nie jestem pewien nazwiska, ale na pewno miała na imię Hendusia i miała brata bliźniaka. W czasie wojny pracowała w sanatorium Medema w Miedzeszynie jako wychowawczyni. Niemcy sprowadzili sanatorium do warszawskiego getta podczas pierwszej akcji i następnego dnia wywieźli do Treblinki. Hendusia była jedną z dwóch wychowawczyń, które nie opuściły dzieci. Życiorys Hendusi jest krótki, bo zginęła młodo.

Estera Iwińska (1886–1963), siostra Wiktora Altera, adwokat, działaczka Bundu, członek Rady Miejskiej Warszawy, obrońca w procesach politycznych, we wrześniu 1939 zakładniczka razem ze Stefanem Starzyńskim, uciekła i przedostała się do USA, po wojnie mieszkała w Brukseli.

Bronisław Kajszczak, żołnierz AK, udzielał pomocy bojowcom ŻOB ukrywającym się pod Łomiankami.

Dola Keilson, kochliwa, piękna kobieta. Przełożona pielęgniarek w szpitalu Bersonów i Baumanów. Personel trzymała żelazną ręką. Zastrzelona w Otwocku w 1943 roku.

Michał Klepfisz, „Tadeusz Mecner" (1913-1943), inżynier, działacz Bundu, w ŻOB był odpowiedzialny za uzbrojenie, w powstaniu w getcie walczył na terenie szczotkarzy, w marcu 1944 roku pośmiertnie odznaczony krzyżem Virtuti Militari przez Naczelnego Wodza WP.

Blumka Klog, młoda dziewczyna, członkini Skifu i Cukunftu, w getcie drukowała ze mną gazetki. Kiedy zachorowała na tyfus, leczył ją prof. Jakub Penson (lekarz ze szpitala na Czystem, wybitny internista, w getcie uczestniczył w badaniach nad chorobą głodową, po wojnie wieloletni rektor Akademii Medycznej w Gdańsku). Wywieźli ją chyba w akcji styczniowej w 1943 roku, kiedy Treblinka już była nieczynna, do obozu w Radomiu, gdzie więźniowie pracowali w fabryce amunicji; od wdychanego prochu ich skóra robiła się zielononiebieska. Zginęła pod ostrzałem artyleryjskim na „ziemi niczyjej", kiedy już wyszli Niemcy, a jeszcze nie weszli Rosjanie.

Jan Kreczmar, polonista w gimnazjum Zgromadzenia Kupców, mój nauczyciel.

Roza i Salek Lichtensztajnowie, bundowcy. Przyjaciele mamy. Roza kierowała działem organizacji pracy wielkiej fabryki wyrobów gumowych RYGAWAR na Pradze (Warszawsko-Ryska Fabryka Wyrobów Gumowych, późniejszy Stomil). Salek był radnym miasta stołecznego Warszawy, sekretarzem związku zawodowego szewców i cholewkarzy. Prowadził wielki, trwający parę tygodni, strajk szewców i cholewkarzy, chyba w 1937 roku. To był strajk warszawskich pracowników najemnych i chałupników. Po wojnie w Stanach Zjednoczonych organizował w prezydenckiej kampanii wyborczej poparcie ludzi w starszym wieku dla Johna F. Kennedy'ego.

Estusia Lifszyc, matka Rubina, przyjaciółka mojej mamy, razem działały w JAF (kobiecej organizacji bundowskiej), zginęła podczas likwidacji getta.

Pola Lifszyc, uczennica szkoły CISZO, członkini Skifu. Miała kilkanaście lat, kiedy w getcie prowadziła teatrzyk dla dzieci. Okazała się wybitnym talentem reżyserskim. W getcie wyreżyserowała dwie sztuki, w których grały dzieci. W sztuce *Lalki* jej siostra Zosia tańczyła główną rolę. Tematem drugiej sztuki był głód w Chinach. Była ładną dziewczyną o „dobrym wyglądzie". Miała szansę przeżyć po aryjskiej stronie, ale poszła do wagonu ze swoją matką.

Rubin Lifszyc, uczeń szkoły CISZO, mój szkolny kolega, podczas wojny latał jako nawigator na brytyjskim bombowcu, zginął w pierwszym dniu po zakończeniu wojny w katastrofie lotniczej.

Cywia Lubetkin, „Celina" (1914-1978), działaczka Droru, członkini ŻOB, walczyła w powstaniu w getcie i powstaniu warszawskim; w 1946 roku emigrowała do Palestyny, współzałożycielka Kibucu im. Bohaterów Getta w Izraelu; żona Antka Cukiermana.

Ala Margolis-Edelman (1922-2008), córka łódzkich lekarzy, Aleksandra Margolisa (zasłużony działacz Bundu, radny i dyrektor największego szpitala w Łodzi, we IX 1939 więziony na Radogoszczu, rozstrzelany) i Anny, twórczyni profilaktyki gruźlicy u dzieci. Ala przez całe życie była wielką społecznicą, wrażliwą na zło i krzywdę; w getcie uczennica szkoły pielęgniarskiej; po aryjskiej stronie łączniczka ŻOB. Uczestniczka akcji wyprowadzenia z Żoliborza po powstaniu warszawskim ostatniej grupy żobowców. Po wojnie moja żona i matka naszych dzieci, Aleksandra i Ani, które mieszkają we Francji.

Nastek (Anastazy, Anatol) Matywiecki (1913-1944), porucznik, członek PPR i sztabu AL w powstaniu warszawskim.

Mendelson, moja wychowawczyni i nauczycielka języka żydowskiego w szkole CISZO.

Sonia Nowogródzka (1893-1942), społecznica i działaczka bundowska. Podczas wojny była wicedyrektorem Centosu. W warszawskim getcie organizowała nielegalne szkolnictwo oraz opiekę nad domami dla dzieci bezdomnych. Zginęła w pierwszej akcji w lipcu 1942.

Mark Majus Nowogródzki, (ur. 1920) uczeń szkoły CISZO, mój szkolny kolega, syn sekretarza generalnego Bundu Emanuela i organizatorki i nauczycielki szkół CISZO Soni. Podczas drugiej wojny światowej jako ochotnik służył w Algierze w armii amerykańskiej, był tłumaczem. Po wojnie skończył w Stanach Zjednoczonych politechnikę. Był dyrektorem pierwszego amerykańskiego programu satelitarnego. Wybitny specjalista w dziedzinie techniki przekazywania i odbierania sygnałów z Ziemi. Współtwórca pionierskich rozwiązań w tej dziedzinie. Wieloletni doradca NASA. Zajmuje się również historią Bundu. Zredagował, przetłumaczył z żydowskiego na angielski i wydał własnym sumptem książkę swego ojca o Bundzie okresu międzywojennego. Jest miły, dowcipny, przyjacielski i życzliwy ludziom.

Maurycy Orzech (1891-1942), ekonomista, dziennikarz, publicysta i polityk, w Bundzie od 1907 roku, czołowy przedstawiciel tej partii w okresie dwudziestolecia międzywojennego. Redaktor prasy partyjnej. Członek kierownictwa podziemnego Bundu w getcie warszawskim. Po wybuchu wojny starał się z pomocą ambasady brytyjskiej wyjechać do Szwecji. Zatrzymany przez Niemców, więziony w Berlinie, skąd odesłano go do getta warszawskiego. W getcie reprezentował partię w Radzie Społecznej przy organizacji dobroczynnej Joint. Zajmował się tworzeniem podziemnej prasy partyjnej. Był jednym z dwóch reprezentantów Bundu podczas konferencji z Blokiem Antyfaszystowskim. Został zabity przez Niemców w lipcu 1942 na ulicy Białej, gdy wychodził z getta.

Wacław Pałatyński, „Witek" (zm. 1945), porucznik, dowódca kompanii Armii Ludowej w powstaniu warszawskim. Zginął tuż po zakończeniu wojny w wyniku prowokacji, zastrzelony przez Rosjan na schodach sztabu wojsk radzieckich w Częstochowie.

Boruch Pelc, syn bundowca, drukarza linotypisty z wielodzietnej biednej rodziny. Członek Skifu. Znałem go z obozów Skifu.

Władka Fajgełe Peltel-Międzyrzecka, (ur. 1922, obecnie Meed), działaczka bundowskiego podziemia w getcie, łączniczka ŻOB po stronie aryjskiej.

Mejłach Perelman (1921-1943), członek Skifu, później Cukunftu, bojowiec ŻOB, w powstaniu walczył w grupie bundowskiej na terenie centralnego getta.

Ruta Perenson przed wojną była modystką. Zawsze chodziła w kapeluszu odpowiednim do okazji i pory roku. Wychodziła na ulicę z Lucją Goldsztajn, żoną Bernarda Goldsztajna, która była wysoką, przystojną kobietą, i demonstrowały nowe modele kapeluszy. Dyktowały w ten sposób warszawską modę na kapelusze. Po akcji styczniowej mieszkała na

Świętojerskiej. Jej męża spotkałem w Ameryce, gdzie dostał się na początku wojny. Nie wiem, dlaczego nigdy mnie nie zapytał o jej losy w getcie, a było to bardzo dobre małżeństwo. Ciekawe, jakie zahamowania ma człowiek.

Kazik Ratajzer (ur. 1924, obecnie Simcha Rotem), bojowiec i łącznik ŻOB, w powstaniu w getcie walczył na terenie szczotkarzy, później główny łącznik po stronie aryjskiej, wyprowadził ocalałych powstańców kanałami z getta, walczył w powstaniu warszawskim.

Stasia Ryfka Rozensztajn-Starker (1912-1999), artystyczna dusza. Studiowała w ASP w Warszawie - nie wiem, czy ukończyła. Szatynka o dużych oczach. Miała piękne włosy, które splatała w grube warkocze, czasem układała je w koronę. Działaczka Skifu i Cukunftu, organizatorka wielkiej wystawy harcerskiej Skifu na ulicy Bielańskiej. W czasie wojny w getcie do niej należała graficzna oprawa naszych gazetek, robiła do nich na woskówce rysunki, winiety i ręczne napisy. Zaplanowała i wydała w 1941 roku książkę o Komunie Paryskiej. Dla zarobku zajmowała się krawiectwem i malowała kolorowe wzory na białych rączkach parasoli. W kwietniu 1943 roku przeszła na stronę aryjską, gdzie razem z komendą ŻOB przetrwała do powstania warszawskiego, skąd trafiła do niewoli. Z Pruszkowa została wysłana na roboty do Niemiec, gdzie była do końca wojny. Po wojnie na krótko wróciła do Polski, ciężko chorowała, wyjechała do Brukseli, a stamtąd do Stanów Zjednoczonych.

Henoch Rus, sekretarz CK Cukunftu w czasie wojny. Redagował po żydowsku ogólnopolską gazetkę młodzieżową „Głos Młodych". Był jednym z orędowników połączenia w getcie wszystkich organizacji w Żydowską Organizację Bojową. Zginął w pierwszej akcji.

Maria Sawicka (1905-1996), przedwojenna sportsmenka, polska łączniczka ŻOB, opiekowała się Żydami zbiegłymi z getta.

Szachne Sagan (1892-1942), członek partii Poalej Syjon-Lewica, w getcie działacz Żydowskiej Samopomocy Społecznej, w 1941 roku jeden z założycieli Żydowskiej Organizacji Kulturalnej, członek kierownictwa Bloku Antyfaszystowskiego, utworzonego w wyniku porozumienia komunistów z syjonistami. W lipcu zaprotestował przeciw udziałowi Gminy i Żydowskiej Służby Porządkowej w tzw. akcji przesiedleńczej do Treblinki.

Klara Segałowicz (?–1943), aktorka, przed wojną występowała m.in. w Żydowskim Teatrze Artystycznym (Warszawer Idiszer Kunstteater), założycielka teatru dla Młodzieży, rozstrzelana na Pawiaku.

Wacław Skonieczny, lekarz, mianowany przez Niemców, komisarz Szpitala dla Dzieci Bersonów i Baumanów, folksdojcz V kategorii. Gdyby wszyscy Polacy zachowywali się tak jak on, to Niemcy nic nie wiedzieliby o Polsce. Wszystkie sfałszowane papiery, które pani Goldmanowa wystawiała w sekretariacie szpitala dla Niemców, a które trzeba było codziennie rano dostarczać dr. Strempowi, niemieckiemu komisarzowi sanitarnemu getta, potwierdzał swoim podpisem. Był wielkim przyjacielem szpitala i naszym.

Chiune Sugihara (1900–1986) był znanym ze służbistości pracownikiem japońskiego MSZ, a od 1939 roku konsulem Japonii w Kownie. Kiedy zaczęły wpływać do niego podania o wizy tranzytowe na rzekomą podróż do Curaçao, usilnie starał się o zgodę swoich przełożonych w Tokio, którzy jednak zwlekali z decyzją. Brak odpowiedzi Sugihara zinterpretował na rzecz uchodźców i zaczął masowo, z pomocą żony, wystawiać wizy tranzytowe. Nie zaprzestał, kiedy otrzymał instrukcję, z którą jego postępowanie stało się sprzeczne. Z tej drogi ucieczki skorzystało kilka tysięcy osób (szacuje się, że blisko dziesięć tysięcy), ponieważ razem z konsulem honorowym Danii Janem Zwartendijkiem wystawili ponad dwa i pół tysiąca wiz, w tym wiele wiz grupowych i rodzinnych. Nikt nie dotarł do Curaçao. Większość różnymi drogami trafiła do Ameryki. Wśród uratowanych było wiele rodzin bundowskich i podobno jeden cadyk z całym dworem. Trzeba dodać, że wstawienie do paszportów takiej liczby wiz w tak krótkim czasie wymagało zajmowania się tym bez przerwy przez kilkanaście godzin na dobę. Chiune Sugihara został odwołany z Kowna, skąd wyjechał 4 września 1940 roku, a po wojnie, w związku z tą działalnością, został zwolniony ze służby dyplomatycznej i pracy w MSZ.

Adam Berek Sznajdmil (1904-1943), członek Bundu. Przed wojną był dowódcą młodzieżowej milicji bundowskiej. Zorganizował oddział bojowy uzbrojony w sztalrutki, który osłaniał wszystkie publiczne demonstracje Bundu oraz wielkie zgromadzenia, jak np. wielki strajk po pogromie w Przytyku. Po wybuchu wojny wyjechał do Wilna, a następnie wrócił do Warszawy. W getcie członek kierownictwa Bundu (z Bernardem Goldsztajnem, Abraszą Blumem, Luzerem Klogiem i potem Maurycym Orzechem) i jego przedstawiciel w Sztabie Głównym ŻOB do chwili, gdy go tam zastąpiłem. Dobrze grał w karty. W powstaniu w getcie był z grupą bundowską, na Franciszkańskiej 30, gdzie 1 maja został trafiony granatem w głowę i tego samego dnia zmarł. Został pochowany na podwórku na Franciszkańskiej 30 razem z czterema towarzyszami, którzy zginęli w tej potyczce.

Bronek Boruch Szpigiel (ur. 1919), związany z podziemiem bundowskim, w powstaniu walczył na terenie getta centralnego, później w partyzantce w lasach wyszkowskich; mąż Chajki Bełchatowskiej, wyjechali z Polski w 1946 roku.

Miram Szyfman, szefowa kolporterek w getcie i naszych po aryjskiej stronie. Ładna dziewczyna, średniego wzrostu o pięknych, wielkich oczach. Jej mąż, aktywny działacz Cukunftu jak ona, zginął w pierwszej akcji. Pozostało po nich piękne zdjęcie. Młoda zakochana para stoi na rogu Gęsiej i Zamenhofa i uśmiecha się do siebie. Zginęła na Gęsiej 6 zastrzelona na łóżku przez Niemców.

Inka Świdowska (Adina z d. Blady-Szwajgier, 1917-1993), córka dyrektorki warszawskiego gimnazjum żydowskiego z polskim językiem wykładowym. W 1939 roku studentka V roku medycyny. W getcie pracowała od marca 1940 roku jako asystentka w szpitalu Bersonów i Baumanów na oddziale gruźliczym. Przeniosła się z oddziałem do filii szpitala na Lesznie. Tam z dr. Miszą Jaszuńskim zajmowali się chorymi dziećmi, które na ogół przebywały na oddziale krótko, bo szybko umierały. W lipcu 1942 roku targnęła się na swoje życie, gdy przez okno zobaczyła matkę prowadzoną na Umschlagplatz. W styczniu 1943 roku wyszła z naszego polecenia na stronę aryjską, gdzie była łączniczką między gettem a stroną aryjską. Poza tym zajmowała się lokowaniem ludzi wychodzących z getta w prywatnych mieszkaniach Polaków. Jej pierwszy mąż, Stefan, zginął w transporcie z Hotelu Polskiego. W powstaniu warszawskim pracowała w szpitalu powstańczym na Miodowej. Wyszła powtórnie za mąż za Świdowskiego, starostę powstańczego Starego Miasta. Wyszła z Warszawy konwojując rannych do Milanówka. Miała dwie córki.

Władysław Świętochowski, pracownik elektrowni, polski łącznik ŻOB, pomagał Żydom zbiegłym z getta, ukrywał ich również w swoim mieszkaniu.

Tenenbaumowa (zm. 1942), niestety nie pamiętam jej imienia, pielęgniarka ze szpitala Bersonów i Baumanów, popełniła samobójstwo, żeby zostawić swój „numerek życia" córce.

Deda Tenenbaumowa, córka Tenenbaumowej.

Zygmunt Warman (1905-1965), adwokat, pracownik Judenratu, uczestnik powstania warszawskiego.

Anna Wąchalska (1888-1966), siostra Marii Sawickiej, współpracująca z socjalistycznym podziemiem i organizacjami żydowskimi, pomagała ukrywającym się Żydom.

Wilk, lekarz chirurg, przedwojenny ordynator na chirurgii dziecięcej, w getcie ordynator oddziału w szpitalu Bersonów i Baumanów. Zlecił swoim asystentom, wydawało się beznadziejną, operację zaszycia pękniętego owrzodzenia w jelicie cienkim w przebiegu tyfusu brzusznego, która okazała się ratunkiem dla dziecka. Operowali dwaj młodzi, mało doświadczeni lekarze - dr Leneman (zginął chyba w getcie) i dr Kiriasefer (był w lesie wyszkowskim w oddziale partyzanckim ŻOB).

Jurek Arie Wilner (1917-1943), instruktor Haszomer Hacair, uczestnik konspiracji w getcie, przedstawiciel ŻOB po aryjskiej stronie i łącznik z AK, walczył w powstaniu w getcie.

Henryk Woliński, „Wacław" (1902-1996), prawnik, żołnierz Armii Krajowej w randze pułkownika. W 1942 roku został szefem Referatu w Biurze Informacji i Propagandy Komendy Głównej AK - zbierał informacje dla polskiego rządu w Londynie o sytuacji Żydów w okupowanej Polsce. Był naszym sprzymierzeńcem i moim przyjacielem. Po wojnie, ostrzeżony przez Żannę Kormanową, zdołał uniknąć aresztowania przez NKWD - minął na schodach idących go aresztować agentów, kiedy pospiesznie opuszczał swoje mieszkanie. Zamieszkał w Katowicach.

Henryk Woźniak, „Hiszpan" (zm. 1944), dowódca III batalionu AL. Na Żoliborzu alowcy zostali zakwaterowani przy Krasińskiego 18. Obsadzali początkowo odcinek al. Wojska Polskiego między Kozietulskiego a Wyspiańskiego, później zaś placówkę na Drużbackiej. Tam 19 września rano „Hiszpan" zginął.

Jan Zwartendijk (1896–1976) był szefem niewielkiego (zatrudniało dwadzieścia osób) przedstawicielstwa Philipsa w Kownie. W czerwcu 1940 roku, na prośbę rezydującego w Rydze ambasadora Holandii L.P.J. de Dekera, zgodził się zostać konsulem honorowym. Miał pomagać nielicznym Żydom holenderskim w ucieczce z zajętej przez Rosjan Litwy. Zgodnie z instrukcją ambasadora de Dekera miał wystawiać promesy wjazdowe do Curaçao, ówczesnej kolonii holenderskiej. Były to „podwójnie" nieważne dokumenty, bo Zwartendijk jako konsul honorowy nie miał uprawnień do ich wydawania, a ponadto udzielenie prawa wjazdu do kolonii leżało w wyłącznej kompetencji jej gubernatora. Były jednak honorowane przez władze sowieckie, które wydawały zezwolenia na opuszczenie ZSRR tylko posiadaczom wiz wjazdowych do innego państwa. Posiadacz promesy wizy do Curaçao dostawał od konsula japońskiego w Kownie,

Chiune Sugihary, wizę tranzytową pozwalającą na podróż koleją transsyberyjską do Japonii. Zwartendijk i Sugihara nie znali się. Dzięki nim od 29 lipca do 4 września 1940 roku wielu żydowskim uchodźcom z Polski udało się opuścić Europę. W końcu sierpnia 1940 roku Rosjanie przejęli fabryczkę Philipsa i w pierwszych dniach września odesłali Zwartendijka do Holandii, kładąc kres jego działalności konsularnej.

Zyferman, nie pamiętam jego imienia, drukarz, drukował w getcie konspiracyjną prasę Bundu.

Josełe Zygielbojm, uczeń szkoły CISZO, syn Szmula Zygielbojma, mój szkolny kolega.

Szmul Zygielbojm, „Artur" (1895–1943), był przywódcą bundowskim, działaczem związków zawodowych oraz samorządów Warszawy i Łodzi, radnym miasta stołecznego Warszawy, we wrześniu 1939 roku członkiem komitetu Obrony Warszawy. Opuścił getto i przedostał się do Londynu, gdzie został przedstawicielem Bundu w Radzie Narodowej. Po upadku powstania w getcie popełnił samobójstwo na znak protestu przeciw obojętności aliantów wobec Zagłady Żydów.

Nota

Od ponad ćwierć wieku Marek Edelman mówi do mnie o przeszłości. Słucham też, jak odpowiada na pytania ludzi ciekawych relacji świadka historii. A kiedy wychodzą, nieodmiennie słyszę: „Dlaczego nikt mnie nie pyta, czy w getcie była miłość? Dlaczego nikogo to nie interesuje? O miłości w getcie ktoś powinien zrobić film. To ona pozwalała trwać". Dlatego najpierw powstał tekst *Miłość w getcie*. Mieliśmy zachęcić jakiegoś scenarzystę.

Z wyjątkiem dwóch wypowiedzi publicznych, otwierającej i zamykającej tomik, pozostałe teksty powstawały od stycznia do listopada 2008 roku. Marek Edelman mówił. Niżej podpisana słuchała i zapisywała. *Miłość w getcie* oraz *Strzępy pamięci* zostały opublikowane po raz pierwszy w „Zeszytach Literackich".

Paula Sawicka

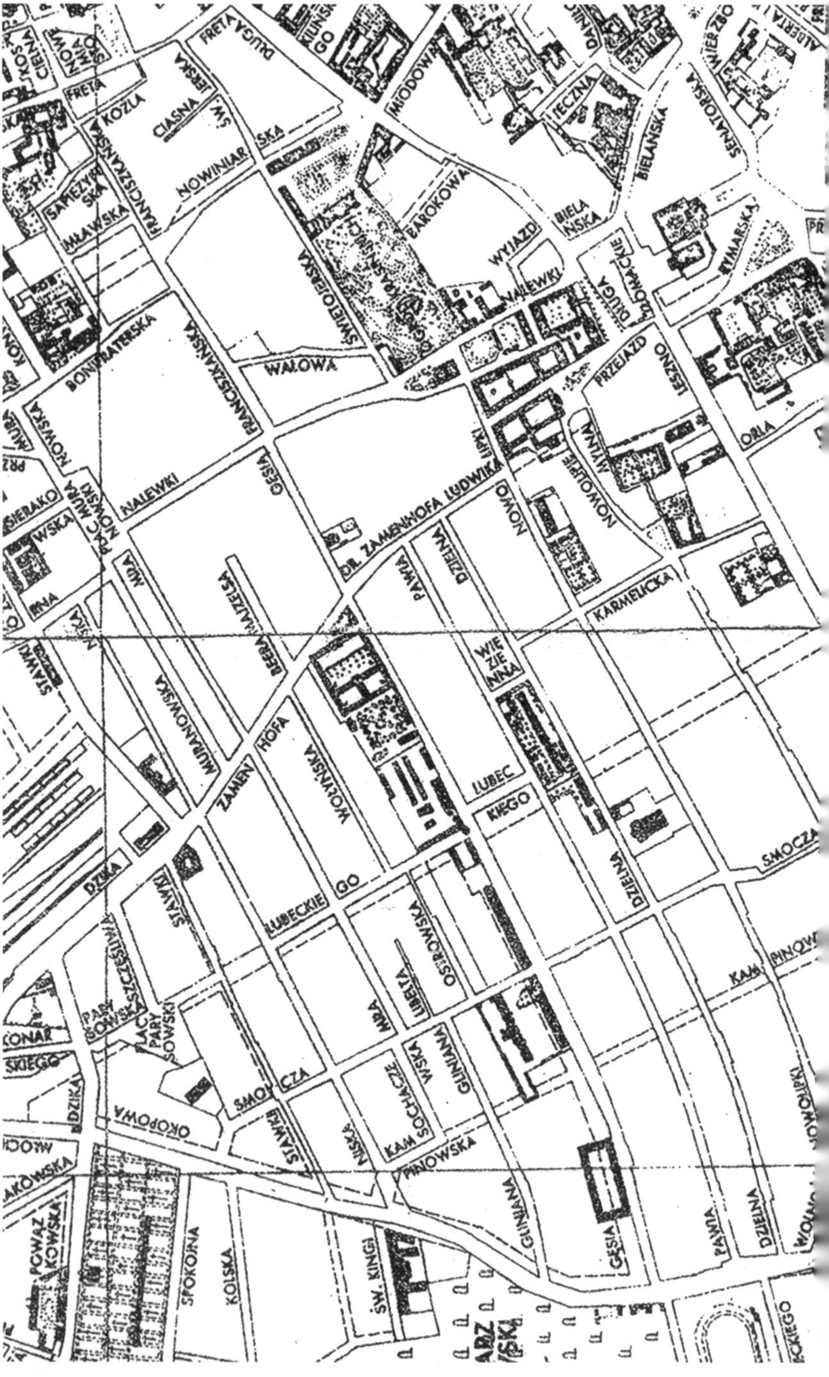

Tu było getto

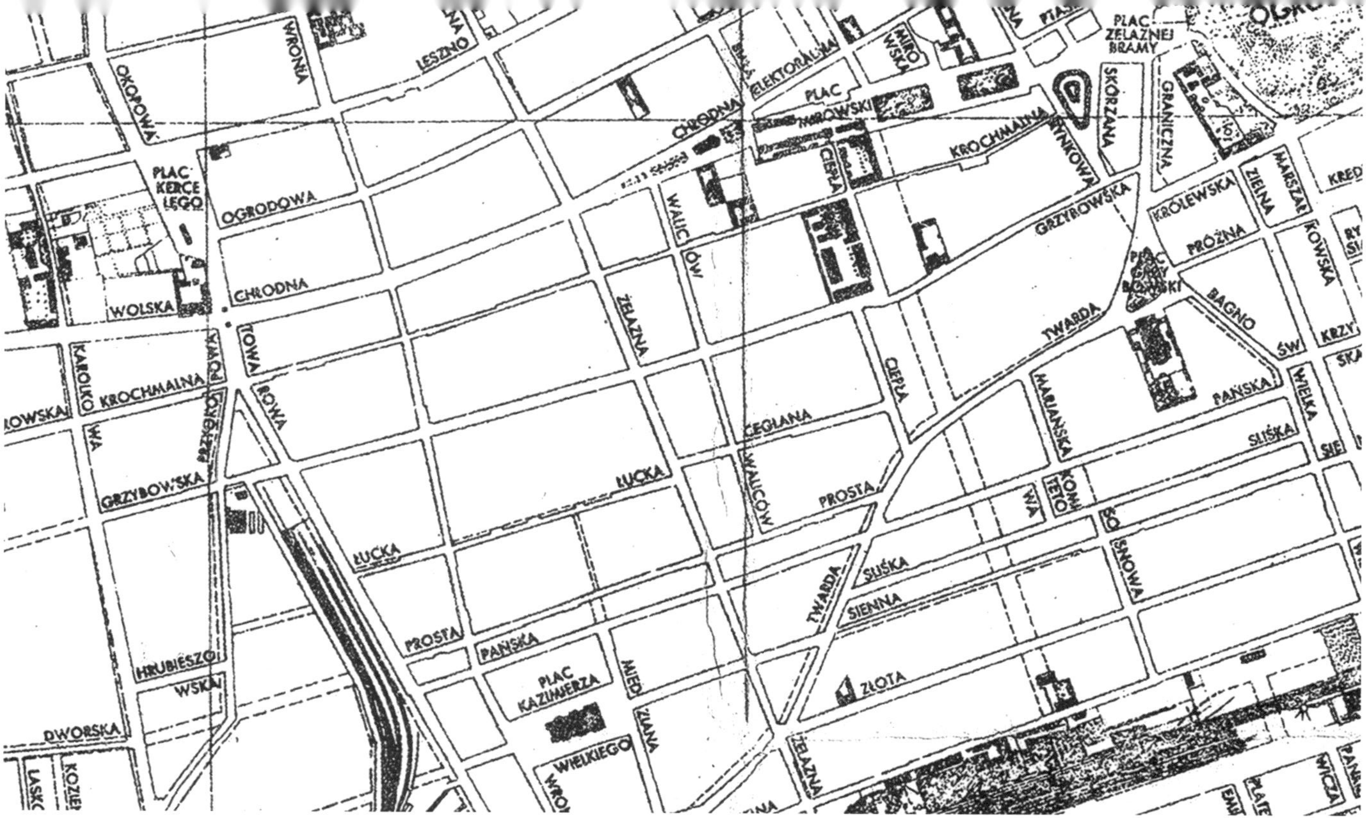

Fragment planu miasta stołecznego Warszawy, 1935

Opracowanie graficzne **Wojciech Freudenreich**
Redaktor prowadzący **Tomasz Jendryczko**
Redakcja **Elżbieta Lewczuk**
Redakcja techniczna **Lidia Lamparska**
Korekta **Anna Sidorek**

Zdjęcia: **Joe J. Heydecker** s. 87; **Roman Vishniac** s. 29, 53, 67; **Piotr Uss Wąsowicz** s. 161; **IPN**, repr. w zbiorach **ŻIH** s. 117

Świat Książki, Warszawa 2009
Bertelsmann Media sp. z o.o., ul. Rosoła 10, 02-786 Warszawa

Skład i łamanie **Dariusz Kłos**
Druk i oprawa **DRUK-INTRO S.A.**, Inowrocław

ISBN 978-83-247-1416-2
Nr 6700